Bettina Obrecht

Ein Ohr für alle Fälle

BILDER VON
BARBARA SCHOLZ

Bettina Obrecht

Ein Ohr für alle Fälle

cbj

1.

Am Fluss, dort, wo das letzte Hochwasser einen dicken Baumstamm angetrieben und auf den hellen Ufersand geworfen hatte, trafen sich jeden Abend zwei Freunde.

Jeden Abend taten sie so, als begegneten sie sich nur ganz zufällig.

„Ach, hallo", sagte die Katze jedes Mal überrascht. „Du bist ja auch hier."

„Bin gerade auf der Jagd nach einem fetten Wildschwein hier vorbeigekommen", brummte der schwarze Mops, der sich „Tapferer Einsamer Wolf" oder kurz „Tapf Eins" nannte. „Du hast es nicht zufällig gesehen? Es war riesig groß und ist in Panik vor mir geflüchtet."

„Ich habe es nicht gesehen", sagte die Katze. „Lass es laufen. Dort vorne unter der alten Weide haben heute Nachmittag Menschen ihr Essen ausgepackt. Schlampig und verschwenderisch, wie sie sind, lassen sie immer etwas liegen."

„Dumm sind sie", knurrte der Mops. „Na, es geschieht ihnen

ganz recht, wenn ich ihnen jetzt ihr Futter wegfresse." Er schlenderte sehr lässig zum Picknickplatz, schob mit der Nase angewidert zerknülltes Papier und schmutzige Folie beiseite und verschlang dann einen Rest Pizza und ein halbes Brötchen. Zuletzt warf er sich einige Kartoffelchips in den Rachen. Plötzlich zuckte er heftig zusammen. Die Augen traten ihm beinahe aus dem Kopf.

„Gift!", röchelte er. „Sie haben mich heimtückisch vergiftet!"

Seine Schnauze, seine Kehle, alles brannte wie Feuer.

Die Katze sprang zu Tapf Eins hinüber. Der wankte keuchend in Richtung Ufer.

Die Katze beschnupperte die Essensreste.

„Es waren die Chips", stellte sie fest. „Dass sie gefährlich sind, glaube ich nicht. Sie sind bloß ungenießbar."

Tapf Eins stellte sich mit allen vieren ins Wasser und soff, wie er noch nie gesoffen hatte.

„Geht es dir besser?", rief die Katze besorgt vom Ufer her. Für nichts in der Welt wäre sie zu Tapf Eins ins Wasser gestiegen. Außer, sie hätte ihn vor dem Ertrinken retten müssen.

Tapf Eins ächzte nur und soff weiter. Es dauerte eine ganze Weile, bis er sich umwandte und mit unsicheren Schritten und einem Bauch, in dem es glukste wie in einem Fass, wieder zum Ufer zurückstapfte.

„Die Menschen sind böse“, grollte er, als er sich neben der Katze niederließ. „Heimtückisch und grausam. Sie legen absichtlich Futter aus, das uns quälen soll.“

„Ich glaube eher, es ist ihnen ganz egal, was sie fressen“, meinte die Katze. „Es ist ihnen ja auch egal, wie sie riechen. Offenbar.“ Sie rümpfte die Nase.

„Böse“, grummelte Tapf Eins. „Sie sind böse.“

„Ich glaube, sie sind einfach sehr, sehr anders als wir“, sagte die Katze. „So anders, dass wir es uns überhaupt nicht vorstellen können.“

„Ich will es mir gar nicht vorstellen", knurrte Tapf Eins. Er wälzte sich im Sand auf den Rücken. Die Katze wandte sich um und leckte ihm kurz über den Bauch. Der Mops tat so, als hätte er es nicht gemerkt. Einige Minuten lang betrachteten beide das glitzernde Flusswasser, in dem sich Bäume und Himmel verschwommen spiegelten.

„Da ich ja ein Wolf bin, werde ich die Menschen nie verstehen", murmelte der Mops schließlich. „Und ich will sie auch nicht verstehen."

Die Katze dachte an ihren gemeinsamen Freund P.F.O.T.E., den fast vollkommenen Hund, der die Menschen besonders gut verstand – vor allem, wenn er sein spezielles geheimes Halsband trug. Dieses Halsband hatten jene Wissenschaftler entwickelt, bei denen P.F.O.T.E. aufgewachsen war. Es übersetzte Hundesprache in Menschensprache und umgekehrt.

Die Wissenschaftler, die ihn gezüchtet hatten, gaben ihm auch seinen Namen: P.F.O.T.E. Das stand nämlich für: Perfekt Funktionierendes Objekt mit Tierischen Eigenschaften.

„Wie es P.F.O.T.E. wohl geht?", murmelte der Mops, als habe er die Gedanken der Katze gelesen. „Wir haben ihn lange nicht gesehen."

„Die Tage werden kürzer", sagte die Katze. „Er darf vielleicht abends nicht mehr aus dem Haus."

Der Mops schniefte verächtlich. „Ich werde nie verstehen, warum er sich von diesen verachtenswerten, stinkenden Menschen etwas verbieten lässt."

„Er hat sie eben gern", meinte die Katze. „Und sie haben ihn auch gern."

„Pffff", machte Tapf Eins verächtlich. „Wenn man jemanden gernhat, dann erlaubt man ihm auch abends, seine Freunde zu besuchen."

Die Katze schwieg. Sie mochte den Mops gerne, und der Mops mochte sie gerne; deswegen trafen sie sich regelmäßig jeden Abend kurz vor Sonnenuntergang rein zufällig an dieser Stelle am Fluss.

„Wir sollten vielleicht mal nach ihm sehen." Die Katze gähnte. Sie legte sich hin und lehnte sich dabei gegen den warmen Mopsbauch.

Der Mops rührte sich nicht.

„Meinetwegen", knurrte er. „Morgen zum Beispiel. Morgen könnte ich es mir zufällig einrichten."

„Wir entscheiden morgen", beschloss die Katze. „Abends, wenn es dunkel ist, kann man sich nicht gut entscheiden." Sie lauschte auf das Grummeln im Mops-Bauch und starrte in den dunklen Nachthimmel.

2.

In einer ruhigen Straße mit vielen ordentlichen Gärten und ordentlichen weißen Häusern wohnte die Familie, mit der sich P.F.O.T.E. angefreundet hatte: Janne, ihr kleiner Bruder Flip und ihre Eltern. Eine Weile hatte P.F.O.T.E. mit Tapf Eins und der Katze am Fluss gelebt, aber dann hatte er sich dafür entschieden, bei seiner neuen Familie zu bleiben – vollkommen unverständlich für Tapf Eins, der nichts mehr schätzte als seine Freiheit.

„Ich kann P.F.O.T.E. riechen", erklärte die Katze. „Wir sind ganz in seiner Nähe." Sie duckte sich hinter einem Strauch. Der Weg vom Fluss bis zu P.F.O.T.E.s Haus hatte sie sehr angestrengt. Normalerweise hielt sie Abstand von Menschen und vor allem von Autos. Zwei ihrer Tanten und ein Neffe waren von Autos überfahren worden, den schlimmsten Feinden der Katzen. Das war einer der Gründe, warum sie gerne am Fluss wohnte. Dorthin kamen die Menschen in der Regel zu Fuß oder schlimmstenfalls mit dem Fahrrad.

Gerade öffnete sich die Tür und Janne und Flip traten aus dem Haus. Sie sahen müde aus, schleppten schwere Rucksäcke und gingen langsam die Straße hinunter.

„Sie laufen weg", flüsterte Tapf Eins aufgeregt. „Warum nehmen sie P.F.O.T.E. nicht mit?" Er starrte dem kleinen Jungen nach. Immer wenn er Flip ansah, regte sich etwas ganz tief in seinem Bauch. Eine Erinnerung. Etwas Kribbeliges, Warmes, das überhaupt nicht zu einem Wolf wie ihm passte.

„Sie laufen nicht weg", wisperte die Katze. „Alle Kinder tragen frühmorgens diese Rucksäcke herum. Ich weiß nicht, was es bedeutet, aber später kommen sie wieder zurück."

„Woher weißt du das?", fragte Tapf Eins misstrauisch.

„Weil ich schon einmal bei Menschen gelebt habe", erwiderte die Katze knapp. Aber dann verstummte sie und stupste den Mops mit der Vorderpfote an, denn gerade war ihr gemeinsamer Freund in der Tür erschienen.

P.F.O.T.E., der fast perfekte Hund, an dem fast alles so war, wie es bei einem Hund sein sollte: seine Größe, sein Fell, seine Augen, sein Gebell. Er gehorchte neunundneunzig von hundert Befehlen und bellte nur einmal am Tag. Er hatte eine bessere Nase als alle anderen Hunde auf der Welt. Und so dauerte es nicht einmal eine Viertelsekunde, bis er seine zwei Freunde entdeckt hatte.

Begeistert stürmte er auf sie zu. „Tapf Eins!", rief er. „Katze! Ihr kommt mich besuchen! Ich freu mich so!"

„Wir sind nur hier vorbeigekommen", knurrte Tapf Eins. „Ganz zufällig. Auf der Jagd nach einem Wildschwein ..."

„Wir wollten sehen, wie es dir geht", sagte die Katze. „Wir haben so lange nichts von dir gehört." Sie trat zu P.F.O.T.E. und rieb ihren Kopf an seinem Hals.

P.F.O.T.E. seufzte. „Tut mir leid", murmelte er. „Es hat ein bisschen gedauert, bis ich mich daran gewöhnt habe, ein Familienhund zu sein. Sie sind ja alle nett zu mir, aber sie lassen mich nicht alleine spazieren gehen."

„Dann komm zurück zum Fluss", rief der Mops. „Du bist doch nicht ihr Sklave!"

„So einfach ist es nicht", sagte P.F.O.T.E. „Ich habe sie eben gern und sie mich auch."

„Was man gernhat, sperrt man nicht ein", widersprach der Mops, und die Katze nickte.

„Und sie spielen Bällchen mit mir!", rief P.F.O.T.E., ohne auf die Bemerkungen seiner Freunde einzugehen. „Am Fluss spielt keiner mit mir." Er sah sich um und entdeckte sein Bällchen mitten auf dem Rasen. Mit einem Satz sprang er hin, schnappte es und schüttelte es gründlich.

Der Mops grunzte verächtlich. „Als Wolf hat man Wichtigeres

zu tun, als einem Spielzeug nachzulaufen … Wildschweine jagen und so etwas."

P.F.O.T.E. ließ das Bällchen fallen. „Wollt ihr nicht hereinkommen?", fragte er. „Es gibt immer etwas zu fressen."

„Ich betrete doch keine Wohnstätte von Menschen", protestierte Tapf Eins, aber er konnte nicht verhindern, dass ihm bei der Erwähnung von „Fressen" sofort Geifer aus dem Maul troff.

„Was gibt es denn?", fragte die Katze vorsichtig.

„Wahrscheinlich nur etwas Gesundes", gab P.F.O.T.E. zu.

„Ein richtiger Wolf kann alles fressen", sagte Tapf Eins rasch. „Er ist nicht so verzärtelt wie ein Hund. Sein Magen verträgt alles, wenn es ums Überleben geht. Sogar Gesundes."

Die Katze warf ihm einen verständnislosen Seitenblick zu. „Ich würde es mir mal ansehen", sagte sie. „Das Futter."

„Dann kommt rein."

Gerade als sie sich zur Tür wandten, kam ein Junge mit seinem Hund die Straße entlang. Der Junge war klein und schmal, war aber älter als Janne. Den drei Freunden blieb beinahe das Herz stehen, als sie den Hund näher betrachteten.

Dieser Hund sah so gefährlich aus, als hätte man einen wilden Tiger, ein wildes Wildschwein, einen wilden Parkwächter und einen tollwütigen Wolf in einen einzigen weiß-schwarz gefleckten Pelz gepackt. Seine Reißzähne blitzten, Geifer troff ihm aus dem Maul, seine Augen waren blutunterlaufen, seine kräftigen Pranken mit spitzen Nägeln besetzt wie die Klauen eines Drachen.

Als der entsetzliche Hund die drei im Vorgarten erblickte, blieb er stehen und wedelte freundlich mit dem Schwanz. „Einen wunderschönen guten Morgen, ihr Lieben", bellte er. Sein Herrchen knuffte ihn in die Flanke.

„Vader!", schnauzte er. Seine Stimme war erstaunlich hell und piepsig. „Reiß dich zusammen."

Schlagartig stellte der große Hund das Schwanzwedeln ein, senkte den Kopf und knurrte aus tiefster Kehle. Die beiden Hunde und die Katze im Garten saßen wie versteinert und starrten ratlos in die blutroten Hundeaugen.

Der Junge blieb stehen, dann zerrte er seinen Hund grob weiter. „Komm schon", piepste er. „Die drei frisst du ein andermal."

Manchmal fand P.F.O.T.E. es unangenehm, dass er die Menschen verstehen konnte. „Tschüs, Leute", rief der große Hund über die Schulter. „Tschuldigung." Und schon waren die beiden um die Ecke verschwunden.

Tapf Eins räusperte sich. „Du hattest vorhin was von Frühstück gesagt. Nicht dass ich darauf angewiesen wäre, aber ich
möchte deine Menschen nicht kränken. Es sind ja offenbar
deine Freunde."

P.F.O.T.E. schüttelte seine Beklemmung ab. „Klar! Kommt
frühstücken!" Er hüpfte voraus in Richtung Tür.

Die Eltern von Janne und Flip saßen am Küchentisch. In einer
Viertelstunde würde die Mutter zur Arbeit fahren. Der Vater
blieb zu Hause.

„Du hast ja deine Freunde zum Frühstück mitgebracht!", rief
der Vater erfreut.

„Sie sind hungrig und essen zur Not auch was Gesundes", verkündete P.F.O.T.E.

Er konnte mit seinen Menschen sprechen, als wären sie richtige Hunde oder Katzen.

Aber nur, wenn er sein spezielles Halsband trug. Das Halsband war einzigartig und eigentlich streng geheim. P.F.O.T.E. wusste genau, dass er es nicht benutzen durfte, wenn andere Menschen als seine Familie bei ihm waren.

Kurze Zeit später kaute Tapf Eins auf einem Kotelettknochen herum, während die Katze mit ihren Krallen umständlich Thunfischbröcken aus einer Dose angelte. P.F.O.T.E., der vorher schon gefrühstückt hatte, redete ununterbrochen auf sie ein. Die Mutter hatte ihm das Halsband abgenommen, damit er sich ungestört mit seinen Freunden unterhalten konnte. Er erzählte von seinen Spaziergängen, vom Bällchen spielen, von Begegnungen mit anderen Hunden und sogar von dem Floh, der ihn einige Tage zuvor gepiesackt hatte. Sowohl die Katze wie auch Tapf Eins mussten sich kratzen, als sie davon hörten. Tapf Eins leckte die letzten Knochenkrümel auf, dann nieste er und sah P.F.O.T.E. mit seinen hervorquellenden Augen prüfend an. „Ich muss jetzt gehen", sagte er. „Häuser machen einen Wolf nervös. Es ist der angeborene Freiheitsdrang, weißt du. Nein, du kannst es nicht verstehen, du bist ja nur ein Menschendiener."

P.F.O.T.E. wollte widersprechen, aber er ließ es dann doch. Er mochte den schwarzen Mops und nahm es nicht so ernst, wenn der sich grantig gab.

Die Katze leckte die Thunfischdose so gründlich sauber, dass sie sich scheppernd im Kreis drehte. „Komm doch mit", sagte sie zu P.F.O.T.E. „Du warst so lange nicht mehr am Fluss."

„Ich darf nicht", sagte P.F.O.T.E. leise.

„Feigling", knurrte Tapf Eins. „Sklave."

„Ich bin kein Sklave!", begehrte P.F.O.T.E. auf. Er sah zu, wie Jannes Mutter die Thunfischdose aufhob und in den Müll beförderte. Die Katze strich ihr schnurrend um die Beine.

„Was machst du?" Tapf Eins wich entsetzt zurück.

„Man muss ja zu Menschen nicht unbedingt unhöflich sein", erklärte die Katze. „Wenn man etwas zu essen bekommen hat, kann man sich ruhig auch bedanken."

„Ich bin auf keine Almosen angewiesen", erklärte Tapf Eins stolz. „Ich habe den Knochen nur angenommen, um unsere Gastgeber nicht zu kränken."

Der Vater machte den beiden die Tür auf. P.F.O.T.E. schlüpfte mit ins Freie und tat so, als suche er sein Bällchen. Der Vater ging wieder hinein und ließ die Tür einen Spalt offen.

„Du kannst abhauen", stellte Tapf Eins fest.

P.F.O.T.E. war ein fast perfekter Hund. Das bedeutete, dass er fast nie etwas tat, was er nicht durfte. Aber eben nur fast nie. Ab und zu konnte es doch passieren, dass er ungehorsam war. Vormittage als Haushund waren einfach zu langweilig: Die Kinder saßen in der Schule fest, die Mutter würde bald zur Arbeit fahren, und der Vater war mit allerlei Dingen beschäftigt, die ihn vom Spielen und Spazierengehen abhielten.

Keiner konnte P.F.O.T.E. vormittags wirklich gebrauchen.

„Ich komme mit", beschloss er. „Aber nur ganz kurz. Vielleicht merkt es keiner."

Aber schon zwei Ecken weiter blieb P.F.O.T.E. wie angewurzelt stehen.

„Ich rieche was", sagte er. „Jemand kommt. Jemand, der in unserer Straße wohnt. Jemand, der weiß, dass ich nicht allein spazieren gehen darf."

„Na und?", fragte Tapf Eins.

„Es ist jemand mit einem Hund", erklärte P.F.O.T.E. „Mit einem ganz kleinen Hund."

Die Katze beobachtete misstrauisch die Straßenecke.

Es dauerte nicht lange, da tauchte eine kleine weiße Malteserhündin auf.

Ihre langen Fellfransen auf dem Kopf waren mit einer rosa Schleife zusammengebunden, sie trug eine weitere Schleife an der Schwanzspitze und ein rüschiges, rosarotes Mäntelchen.

Ihr Frauchen war eine Frau van Bömmel, eine etwas ältere Dame aus der Nachbarschaft. Sie trug ein sehr elegantes dunkelblaues Kostüm, eine weiße Bluse und schwarze Stöckelschuhe. Über die Schulter hatte sie sich eine braune Straußenledertasche an einer goldenen Kette gehängt. Ihr Hündchen zerrte an einer goldenen Leine.

Mit der Dame näherte sich eine so dichte Parfumwolke, dass die Luft beinahe golden zu glitzern schien. P.F.O.T.E. musste niesen. „Hallo Pipette!", rief er der kleinen Hündin zu.

Die Hündin knurrte nur etwas, dann fiel ihr Blick auf Tapf Eins, und sie blieb wie angewurzelt stehen. Frau van Bömmel musterte die drei Freunde misstrauisch und schickte sich an, die Straßenseite zu wechseln. Aber Pipette wollte nicht mit. Frau van Bömmel bückte sich und wollte das Hündchen auf den Arm nehmen, aber Pipette schnappte nach ihrer Hand.

„Habt ihr das gesehen?", fragte P.F.O.T.E. atemlos. „Sie wollte ihr Frauchen beißen."

„Die Kleine gefällt mir", murmelte Tapf Eins. „Sie hat verstanden, worum es geht!"

Jetzt standen die drei direkt vor Pipette. Ihr Frauchen zerrte immer noch an der Leine, aber Pipette beachtete sie nicht.

„Das sind meine Freunde", stellte P.F.O.T.E. vor. „Die Katze und Tapferer Einsamer Wolf. Tapferer Einsamer Wolf sieht zwar aus wie ein Mops, aber er ist eigentlich ein Wolf. Kein Mensch sagt Tapferer Einsamer Wolf zu ihm, das ist viel zu umständlich. Du kannst bestimmt auch Tapf Eins zu ihm sagen, so wie wir."

„Hallo, Tapf Eins!", hauchte Pipette. „Ich finde schon, dass du ein bisschen wie ein Wolf aussiehst."

Tapf Eins war so überrascht, dass er sich setzen musste. Er starrte Pipette an und die Zunge hing ihm aus dem flachen Maul.

„Warum schnappst du nach deinem Frauchen?", erkundigte sich P.F.O.T.E. besorgt. „Schlägt sie dich etwa?"

„Natürlich nicht!", rief Pipette empört. Es ist nur …" Sie verstummte und sah sich nach Frau van Bömmel um.

„Was denn?"

„Wenn wir dir helfen können …", brummte der Mops.

„Ich mag es nicht, wenn sie mich auf den Arm nimmt", erklärte Pipette schließlich.

„Verständlich", sagte der Mops. „Es ist beschämend. Wer lässt sich schon gerne herumzerren."

„Nein, es ist nur … na ja." Pipette sah zu Boden. „Ich kann es nicht sagen. Wenn ich bloß mit ihr reden könnte! Ich würde es ihr ja erklären. Sie denkt bestimmt, dass ich sie nicht mag, aber das ist nicht wahr! Ich habe sie sehr lieb!"

Der Mops schniefte pikiert.

„Pipette!" Frau van Bömmel ruckte noch einmal an der Leine. Diesmal gab Pipette nach. Sie trottete über die Straße und sah sich nicht mehr um.

Die drei Freunde zogen wieder los in Richtung Fluss. Aber P.F.O.T.E. konnte sich gar nicht mehr so richtig über seinen unerlaubten Ausflug freuen. Schon am Eingang zum Stadtpark blieb er stehen.

„Ich glaube, ich gehe doch zurück", sagte er. „Vielleicht kommen die Kinder heute früher aus der Schule."

„Feigling", sagte Tapf Eins verächtlich.

„Komm uns bald besuchen", bat die Katze. „Du kannst die Kinder ja mitbringen."

„Ja, mach ich!", sagte P.F.O.T.E. erleichtert. „Bis bald!"

Er wandte sich um und galoppierte mit fliegenden Ohren nach Hause.

3.

Jeden Tag konnte es P.F.O.T.E. kaum erwarten, dass die Kinder aus der Schule nach Hause kamen. Aber heute war er besonders ungeduldig. Er hatte noch immer keine Vorstellung davon, was genau sie in der Schule taten. Wenn sie davon erzählten, erinnerte er sich an das Labor, in dem er aufgewachsen war. Dort war er ja den ganzen Tag und auch in der Nacht eingesperrt gewesen! Die Kinder waren in der Schule nur bis zum Nachmittag eingesperrt, dann durften sie davonlaufen.

Endlich entdeckte er die beiden, als sie mit ihren schweren Rucksäcken die Straße herunterkamen. Schwanzwedelnd sprang er gegen die Tür. Der Vater öffnete ihm und P.F.O.T.E. raste zum Gartentor.

„Da seid ihr ja, da seid ihr ja! Ich muss euch was erzählen!" Aber er trug sein Halsband noch nicht und sie konnten ihn nicht verstehen. Darum musste er warten, bis die Kinder Jacke und Schuhe ausgezogen, in die Kochtöpfe gespäht und ihrem Vater etwas sehr Wichtiges erzählt hatten, das er nicht verstand. Minutenlang stand er vor ihnen, das Halsband in der Schnauze, stupste sie immer wieder mit der Nase an und wedelte mit dem Schwanz.

Endlich schienen sie sich an ihn zu erinnern. Flip ging auf die Knie und schnallte P.F.O.T.E. das Halsband um.

„Na endlich!", rief P.F.O.T.E. „Ich muss euch nämlich was erzählen!"

„Was denn?", fragte Janne.

Im ersten Moment fiel es P.F.O.T.E. vor lauter Aufregung gar nicht mehr ein. Aber dann konzentrierte er sich. „Ich habe mit Pipette geredet."

„Wer ist Pipette?", fragte der Vater, der gerade vorsichtig einen heißen Topf auf den Tisch stellte.

„P.F.O.T.E.s Freundin." Janne grinste.

„Überhaupt nicht!", rief P.F.O.T.E. beleidigt. „Und jetzt erzähle ich euch gar nichts." Er drehte sich beleidigt um.

Die Kinder bestürmten ihn. „Jetzt erzähl doch, was ist mit Pipette?"

„Sie hat ein Problem", erklärte P.F.O.T.E. „Ein Frauchenproblem. Ein Bei-Frauchen-auf-dem-Arm-Problem."

„Was?", fragte Flip, und Janne starrte P.F.O.T.E. ratlos an.

P.F.O.T.E. holte tief Luft. „Sie will sich nicht von ihrem Frauchen anfassen lassen", sagte er. „Und schon gar nicht auf den

Arm nehmen. Sie hat nicht verraten, warum, aber sie sagt, sie hat ihr Frauchen lieb und dass es ganz doof ist, dass sie nicht mit ihr reden kann."

„Ja, das ist doof." Der Vater hob den Deckel vom Topf. „Da hast du es wirklich gut. Du kannst uns immer sagen, wenn dir was nicht passt." Er seufzte.

„Aber sie ist unglücklich", sagte P.F.O.T.E. „Und ihr Frauchen auch."

„Vielleicht könnten wir ja …", fing Janne zögernd an.

„Nein, misch dich da nicht ein! Kommt jetzt essen." Der Vater setzte sich.

Aber Flip blieb stehen. „Wir könnten Pipette das Sprachhalsband leihen."

Der Vater schüttelte den Kopf. „Du weißt, dass es geheim ist. Wir haben einen Vertrag unterschrieben, erinnert ihr euch? Wir dürfen P.F.O.T.E. nur behalten, wenn wir nicht über das Sprachhalsband reden."

„Stimmt", sagte Flip geknickt.

„Aber …", fing Janne noch einmal an. „Wir könnten heimlich mit Pipette reden. Und dann sagen wir Frau van Bömmel, was mit ihr los ist."

„So, und wie wollt ihr das erklären?" Der Vater löffelte Brokkoli auf Jannes Teller, dann eine ebenso große Portion auf Flips

Teller. „Dass ihr Hellseher seid? Oder die perfekten Hunde-psychologen?"

„Was ist ein Hundeplüschologe?", fragte Flip verwirrt.

„Einer, der das Verhalten von Hunden genau versteht und bei Problemen helfen kann."

„Könnten wir doch sein", schlug Janne vor.

„Du bist zu jung", sagte der Vater. „Dazu muss man studieren."

Janne verdrehte die Augen. „Ich meine dich."

„Ich verstehe nichts von Hunden", sagte der Vater schnell. „Nur wenn sie Sprachhalsbänder tragen." Er stand wieder auf und hob die Pfanne mit den Bratkartoffeln vom Herd. „Stimmt", fügte er dann nachdenklich hinzu. „Wir müssten uns nur mit Pipette zurückziehen und ihr dann das Halsband umlegen."

„Aber sie will nichts verraten", gab P.F.O.T.E. zu bedenken.

„Einem Menschen verrät sie es vielleicht", meinte der Vater. „Wenn sie glaubt, dass er ihr helfen kann." Er stellte die Pfanne scheppernd zurück auf den Herd. „Wir sollten es probieren", sagte er. „Die Idee ist verrückt, deswegen gefällt sie mir."

Es war eigentlich alles ganz einfach.

Janne lud Frau van Bömmel zu einem Kaffeestündchen ein.

Frau van Bömmel liebte Kaffee, und als sie hörte, dass es dazu noch Apfelkuchen geben sollte, sagte sie sofort zu.

Am Dienstag klingelte sie pünktlich um drei Uhr an der Tür. Der Vater reichte Frau van Bömmel die Hand und führte sie zum Kaffeetisch. Den Apfelkuchen hatte Janne gebacken und Flip hatte sogar das Festtagsgeschirr aus dem Schrank geholt. P.F.O.T.E. und Pipette folgten. P.F.O.T.E. wedelte freundlich mit dem Schwanz, aber Pipette beachtete ihn nicht.

„Komm zu mir, mein Schätzchen!", rief Frau van Bömmel und klopfte sich mit der Hand auf die Oberschenkel. „Komm zu Mami!"

Aber Pipette legte sich einfach platt auf den Teppich.

Der Vater tat so, als wäre es ihm nicht aufgefallen. Er schenkte Kaffee ein und Janne verteilte Kuchenstücke.

Frau van Bömmel ließ es sich schmecken. Erst nachdem sie das zweite Stück mit viel Sahne verspeist hatte, wandte sie sich dem Vater zu und sagte:

„Sie sehen ja, ich habe ein kleines Problem. Pipette ist so ein liebes Mädchen und ich erfülle ihr jeden Wunsch. Aber sie mag mich nicht. Niemals will sie sich auf meinen Schoß setzen. Sie hält immer Abstand." Tränen traten ihr in die Augen. Janne legte ihr schnell noch ein Stück Kuchen auf den Teller. „Ich weiß nicht mehr, was ich tun soll", schluchzte Frau van Bömmel. „Was habe ich ihr angetan? Was habe ich falsch gemacht? Kann ich es irgendwie wiedergutmachen?"

Sie schluckte, fasste sich und stach in die Spitze ihres dritten Kuchenstücks.

„Vielleicht können wir es herausfinden", sagte der Vater vorsichtig.

„Wie das?" Frau van Bömmel runzelte die Stirn.

„Wir kennen uns mit Hunden aus", sagte Janne.

„Wir verstehen nämlich ihre Sprache", fügte Flip hinzu. „Obwohl P.F.O.T.E. ja gar kein geheimes Sprachhalsband hat oder so etwas."

Janne trat ihm auf den Fuß.

„Sie lassen sich den Kuchen schmecken, und wir gehen in den Garten und versuchen, den Grund für Pipettes Verhalten herauszufinden", schlug der Vater vor.

„Sie nehmen Pipette mit?" Frau van Bömmel starrte ihn entsetzt an.

„Nur einmal eine Runde durch den Garten. Wir sind gleich wieder zurück."

„Aber Sie können doch nicht einfach mein Baby ..."

„Es dauert nicht lange. Anders geht es leider nicht. Wir müssen Pipette ein bisschen besser kennenlernen."

Frau van Bömmel presste die Lippen aufeinander, musterte den Vater misstrauisch und blinzelte. Sie hatte lange, dick mit Wimperntusche verklebte Wimpern.

„Was haben Sie mit ihr vor?", fragte sie mit eisiger Stimme.

„Ich bestehe darauf, dass ich bei ihr bleiben darf."

„Wenn Sie bei ihr sind, ist sie möglicherweise nicht entspannt genug", erklärte der Vater sanft.

Frau van Bömmel schüttelte den Kopf, aber dann betrachtete sie den Kuchen und murmelte: „Dann tun Sie, was Sie tun müssen. Aber in zehn Minuten sind Sie wieder da." Sie betrachtete den Teller und strich dann mit der Kuchengabel sorgfältig die Sahne auf dem Kuchen glatt.

„Wenn ihr etwas passiert", sagte sie kauend, „verklage ich Sie. Mein Bruder ist Anwalt."

Der Vater ließ sich nicht erschüttern. „Ihr passiert nichts." Er sah Pipette an. „Komm, meine Kleine."

Pipette betrachtete ihn unsicher, warf einen Blick auf ihr Frauchen. Die wischte sich einen Sahneklecks vom Kinn und nickte.

„Geh schon mit, mein Liebes", sagte sie mit vollem Mund.

Pipette erhob sich unwillig und trottete hinter P.F.O.T.E. und dem Vater in den Garten. Janne und Flip folgten. Draußen nahm der Vater P.F.O.T.E. das Halsband ab und legte es Pipette um. Die wich ein bisschen zurück und grollte.

„Fass mich ja nicht an, ungehobelter Klotz!", kläffte sie.

„Wir tun dir nichts", sagte der Vater beruhigend. „Entspann dich."

„Ja, wir helfen nur", sagte Janne.

„Klar", ergänzte Flip. „Wir beißen gar nicht." Er kicherte.

Pipette erstarrte und ihre Nackenhaare sträubten sich.

„Es ist das Halsband", erklärte P.F.O.T.E. schnell. „Du kannst jetzt Menschensprache verstehen. Und die Menschen verstehen auch alles, was du sagst."

„Hat der Große etwa verstanden, dass ich ihn einen ungehobelten Klotz genannt habe?"

„Ja, schon, aber mach dir keine Gedanken, er ..."

„Ist mir auch egal. Er ist ein ungehobelter Klotz. Er darf mich doch nicht einfach so anfassen. Wir kennen uns doch gar nicht."

„Es ist nur ...", begann P.F.O.T.E. wieder.

Der Vater winkte ab. „Es tut mir leid", sagte er höflich. „Anfassen ist in diesem Fall unvermeidlich. Stell dir einfach vor, ich wäre ein Tierarzt."

Pipette wich zurück und klemmte den Puschelschwanz mit dem rosa Schleifchen zwischen die Hinterbeine.

„Aber ein Tierarzt ohne Spritzen", fügte der Vater schnell hinzu. „Einer, der nur redet."

Sie gingen ums Haus herum in den hinteren Garten, den P.F.O.T.E. sehr mochte. Man konnte dort so hervorragend Löcher graben.

Janne ging in die Hocke und sah Pipette an. „Jetzt erzähl. Was für ein Problem hast du mit deinem Frauchen?"

Pipette zögerte, setzte dann vorsichtig an: „Sie hat einfach ..."

Flip unterbrach sie. „Lass mich raten", schrie er. „Raten macht Spaß! Ich rate, dass die Frau nicht mit Pipette Bällchen spielt. Deswegen mag sie sie nicht, ist doch klar."

Der Vater sah ihn etwas ratlos an. Pipette zuckte nicht einmal mit der Schwanzspitze.

Janne spielte mit. „Ich rate, dass es an dem rosa-roten Zeugs liegt", sagte sie.

„Was meinst du?", fragte Pipette erstaunt.

„Das Rosa. Deine Schleife. Dein Mäntelchen."

„Was hast du gegen meine Schleife?", knurrte Pipette.

„Die Farbe ..." Janne wurde verlegen. „Ich meine, all die Rüschen und dann in Rosa..."

„Hast du etwas gegen Rüschen?"

„Nein... nein!"

„Gegen Schleifen? Gegen meine wunderhübschen und niedlichen Schleifen, die mir mein Frauchen jeden Morgen so liebevoll umbindet?"

„Aber … aber nein!"

Pipette wandte sich dem Vater zu. „Dieses Mädchen weiß nicht, was schön ist", stellte sie vorwurfsvoll fest.

Der Vater machte ein sehr ernstes Gesicht. „Aber ich verstehe etwas davon", sagte er. „Rüschen und Schleifen. Rosa. Du bist wunderhübsch. Eine Augenweide. Ich wette, jeder andere Hund dreht sich auf der Straße neidisch nach dir um."

„Ich weiß nicht, was ihr mit dem Rosa meint", sagte Pipette stolz. „Ich weiß nur, dass ich wie eine Blume aussehe. Und wenn ihr mich beleidigt, sage ich es meinem Frauchen." Sie wandte sich um und wollte ins Haus laufen.

Der Vater hielt sie fest. „Nein. Erklär uns bitte erst, warum du es nicht magst, wenn dir dein Frauchen zu nahe kommt."

„Aber das müsst ihr doch gemerkt haben!", rief Pipette aufgebracht.

an. Dann traten ihr Tränen in die Augen. Sie breitete strahlend die Arme aus: „Pipettchen! Dann komm zu Mami!"

Pipette legte sich flach auf den Boden. Das Lächeln der Frau erstarb, sie funkelte den Vater an. „Sie sind ein Betrüger! Rein gar nichts hat sich geändert!"

„Nein, so geht es ja auch nicht. Sie müssten erst … Sie müssten erst einmal duschen und sich umziehen. Und dann kein Parfum mehr benutzen."

„Wie bitte? Das ist ja eine Unverschämtheit! Was wollen Sie damit sagen?"

Der Vater holte tief Luft. Man sah ihm an, dass er es bereute, sich auf dieses Spiel eingelassen zu haben. „Probieren Sie es einfach mal aus."

„Sie unverschämter Tierquäler! Komm, Pipette!" Frau van Bömmel wandte sich um und marschierte mit klackernden Absätzen die Steinstufen hinunter und Richtung Gartentor. P.F.O.T.E. und seine Familie sahen den beiden nach.

„Meint ihr, sie probiert es aus?", fragte Janne.

„Klar", sagte der Vater. „Heimlich."

Janne schloss die Haustür. Alle vier gingen wieder ins Wohnzimmer.

„Macht mal die Fenster auf", bat der Vater. „Wir müssen den Geruch loswerden."

Dann bekamen er und die beiden Kinder einen Kicheranfall. Sie ließen sich in die Polstermöbel fallen und P.F.O.T.E. hüpfte von einem zum anderen und freute sich einfach nur, weil seine Menschen sich freuten.

Plötzlich setzte sich Janne hin. „Ich hab's!"

„Was denn?" Der Vater wischte sich Lachtränen aus den Augen.

„Eine geniale Idee!"

„Ich hab auch eine geniale Idee", behauptete Flip. „Aber ich verrate sie nicht."

Keiner beachtete ihn.

„Wir könnten daraus ein Geschäft machen", sagte Janne. „Wir bieten Beratung für alle Hundebesitzer an. So wie bei Pipette. Die Hunde kommen zu uns, wir legen ihnen das Halsband um, und sie erklären uns, welche Probleme sie mit ihren Besitzern haben. Und die Besitzer bezahlen uns dafür."

„Geniale Idee!", schrie Flip.

„Das ist toll!" P.F.O.T.E. drehte sich vor Begeisterung um sich selbst. „Ganz viel Besuch!"

Aber der Vater zögerte. „Wir haben ja gleich zu Anfang schon einmal darüber nachgedacht", gab er zu bedenken. „Als wir P.F.O.T.E. bekommen haben. Ich glaube nicht, dass so etwas erlaubt ist."

„Wieso ist helfen nicht erlaubt?", fragte Janne erstaunt.

„Wir dürfen sicher kein Geld dafür verlangen", erklärte der Vater. „Es gibt so viele Gesetze."

„Dann machen wir es für Kuchen", erklärte Flip. „Kuchen ist auch gut."

„Aber keine Hundekuchen", verlangte P.F.O.T.E. „Die schmecken wie altes Klopapier."

„Sahnekuchen", schlug Janne vor.

„Ich weiß nicht", sagte der Vater. „Es ist eine große Verantwortung. Was ist, wenn wir einen Fehler machen? Oder wenn Hunde uns anlügen?"

„Was ist lügen?", fragte P.F.O.T.E. neugierig.

„Etwas sagen, was gar nicht stimmt", erklärte Flip.

„Aber das geht doch gar nicht!", rief P.F.O.T.E. „Man kann doch nur etwas sagen, was wahr ist!"

Die drei Menschen starrten ihn überrascht an. „Wirklich?", fragte der Vater schließlich. „Und was ist mit Tapf Eins? Sagt der auch die Wahrheit?"

„Er ist eigentlich ein Wolf", sagte P.F.O.T.E. mit fester Stimme. „Und er fängt Wildschweine. Hunde lügen nicht."

„Na gut." Der Vater seufzte. „Aber was tun wir, wenn Menschen mit bissigen Hunden zu uns kommen? Ist das nicht gefährlich?"

„Viel zu gefährlich!", rief P.F.O.T.E. schnell. „Solche Hunde sollten wir nicht hereinlassen."

„Nur mit Maulkorb", schlug Janne vor.

Der Vater nickte. Jetzt hatte er so ein Funkeln in den Augen, das den Kindern verriet, wie sehr ihn der Gedanke reizte.

„Man müsste es ausprobieren", sagte er langsam. „Und wenn es gut funktioniert, kann man ja vielleicht wirklich ein kleines Geschäft daraus machen. Ein bisschen Geld könnten wir gebrauchen. Vielleicht kann man damit sogar viel Geld verdienen. Es gibt so viele Hunde und Hundebesitzer, die einander nicht verstehen."

„Jaaa!", schrie Flip. „Viel Geld! Ich brauche nämlich dringend ein Pony!"

„Und ich ein Klavier!", jubelte Janne. „Und ein Trampolin. Und auch ein Pony."

„Wir brauchen alle dringend eine schöne Reise", sagte der Vater verträumt. „Eine Reise ans Meer." Er seufzte. „Na dann zieht los und sucht merkwürdige Hunde, die Hilfe brauchen. Oder merkwürdige Hundebesitzer. Aber passt gut auf. Nicht alle bissigen Hunde tragen Maulkörbe. Und ihre Besitzer auch nicht. Und denkt daran: Wir verlangen erst einmal kein Geld."

Der Vater schüttelte ratlos den Kopf. „Du meinst das Parfum?", fragte er.

„Hä?", fragte die Hündin sehr unhöflich, denn für so merkwürdige Menschenworte wie „Parfum" gab es keine Entsprechung in der Hundesprache.

„Ich meine … nicht ihr eigener Duft, sondern der, mit dem sie sich jeden Tag besprüht?"

„Genau der! Nicht einmal am Tag! Fünfmal am Tag!", japste die Hündin aufgeregt. „Ich halte ihn nicht aus. Ich bekomme keine Luft. Meinen Augen tränen. Er ist giftig für mich, dieser Sprühduft."

„Kapiert!", bellte P.F.O.T.E. „Ich fand auch gleich, dass sie widerlich riecht!"

„Mein Frauchen riecht nicht widerlich!", kläffte Pipette aufgebracht.

„Ruhe", zischte der Vater. Dann wandte er sich wieder an Pipette. „Du meinst also, wenn sie das Parfum … den künstlichen Duft nicht tragen würde, dann wäre alles kein Problem? Dann würdest du auch auf ihrem Schoß sitzen und so was?"

„Ich würde auf ihrem Schoß leben!", seufzte Pipette. „Ich würde nie wieder von ihrer Seite weichen!"

„Dann hätten wir das ja gelöst", sagte der Vater zufrieden und griff nach dem Sprachhalsband. Aber Pipette wich zurück.

„Ich möchte selbst mit ihr reden", verlangte sie. „Ich möchte ihr sagen, dass es nicht daran liegt, dass ich sie nicht lieb hätte. Ich möchte ihr sagen, wie lieb ich sie habe!"

„Das kannst du auch in der Hundesprache", sagte der Vater. Er packte Pipette, zog sie zwischen seine Beine, schnallte das Halsband ab und legte es P.F.O.T.E. wieder um. Pipette kläffte, riss sich los und rannte mit wehenden Ohren zurück zum Haus. Frau van Bömmel wartete schon an der Terrassentür. Der Vater hatte Pipette eingeholt und nahm sie auf den Arm.

„Was machen Sie mit ihr?", schrie Frau van Bömmel voller Panik.

„Nichts. Gar nichts", rief Janne. „Alles bestens!"

„Lassen Sie sie los, sonst rufe ich die Polizei!"

Der Vater setzte das Hündchen ab. Pipette kläffte immer noch wütend.

P.F.O.T.E. sah unsicher zum Vater. Musste er irgendetwas unternehmen? Ihn beschützen oder so etwas? Er knurrte leise, beinahe entschuldigend, sah die Frau aber dabei nicht an, um ihr keine Angst zu machen.

„Jetzt beruhigen Sie sich doch", sagte der Vater beschwörend. „Ich tue Ihrem Liebling wirklich nichts. Außerdem haben wir Ihr Problem gelöst. Pipette liebt Sie wirklich sehr."

Frau van Bömmel starrte ihn einen Moment lang fassungslos

4.

Janne, Flip und P.F.O.T.E. gingen in den Park. Janne hatte sich wie immer die Leine umgehängt und P.F.O.T.E. lief frei vor den Kindern her. Er konnte es überhaupt nicht leiden, festgebunden zu sein, und als er bei den Kindern eingezogen war, hatten sie vereinbart, dass sie ihn nur im Notfall an die Leine nehmen würden.

Sie trafen viele merkwürdige Hunde und viele merkwürdige Hundebesitzer, aber sie trauten sich nicht, sie anzusprechen. Einmal kam P.F.O.T.E. mit einem Pudelmischling ins Gespräch, während Flip und Janne Kastanien suchten. Der Pudel hatte selbst kein Problem mit seinem Frauchen, aber er kannte viele andere Hunde und gab P.F.O.T.E. ein paar Tipps.

„Was meint er denn?", fragte Janne, als P.F.O.T.E. zurückkam. „Kennt er merkwürdige Hunde?"

P.F.O.T.E. konnte erst einmal nicht antworten, weil Flip ihm eine Kastanie geworfen hatte, die er natürlich zurückholen musste. Er ließ die Kastanie vor Flips Füße fallen, wedelte

entschuldigend mit dem Schwanz und wandte sich an Janne:
„Er kennt einen merkwürdigen Hund, aber der kommt nicht infrage."

„Warum nicht?", wollte Janne wissen.

„W… w… weil er zu gefährlich ist", stammelte P.F.O.T.E., und seine Beine zitterten. „Er ist schwarz und weiß und groß wie ein Pferd und wild wie ein Tiger und er hat rote Augen und lange Zähne und …."

„Ein Drachenhund!", rief Flip begeistert.

„Und was ist das Problem?", fragte Janne.

„Dass er manchmal sehr lieb ist", sagte P.F.O.T.E. „Dann schimpft sein Herrchen mit ihm. Dann ist er wieder böse. Dann ist er wieder lieb. Dann ist er wieder böse."

„Vielleicht ist er ernsthaft krank", sagte Janne. „In diesem Fall können wir nicht helfen."

„Ja, vielleicht", sagte P.F.O.T.E.
erleichtert.

„Ich glaube ganz bestimmt, dass wir
gar nichts für ihn tun können."
„Aber ich würde ihn mir gerne ansehen",
sagte Janne. „Wo ist er denn?"
„Weiß ich nicht!", rief P.F.O.T.E. schnell.
„Er ist bestimmt ganz weit weg."
„Aber da kommt so ein Hund!" Flip deutete
mit dem Finger. „Der Hundedrache! Der Dra-
chenhund! Schwarz-weiß und riesengroß und
gefährlich!"
P.F.O.T.E. folgte seinem Blick.
Leider hatte Flip recht.

Der wilde Hund, den P.F.O.T.E., Tapf Eins und die Katze schon vor ein paar Tagen gesehen hatten, kam direkt auf sie zu. Sein Besitzer führte ihn an der Leine, aber dieser Besitzer war ja nur ein schmaler, blasser Junge, der seinen Hund im Notfall bestimmt nicht festhalten konnte.

„Passt auf euren Hund auf", rief der Junge von Weitem. „Vader frisst ihn am Stück, wenn er schlechte Laune hat."

Allerdings sah Vader, der große Hund, überhaupt nicht so aus, als habe er schlechte Laune. Er wedelte wie verrückt, legte die Vorderbeine auf die Wiese und streckte das Hinterteil in die Luft, als wolle er P.F.O.T.E. zum Spielen auffordern.

„Vader!", brüllte der Junge. „Brav jetzt."

Der Hund zuckte zusammen, stellte sich breitbeinig auf, spannte alle Muskeln an und fletschte die Zähne.

„Braver Hund", sagte der Junge sanft.

Janne bückte sich und stellte den Ton an P.F.O.T.E.s Halsband auf null. Niemand durfte wissen, wie das Halsband funktionierte.

Flip näherte sich den beiden unerschrocken. Er hatte vor keinem Hund Angst. Je näher er kam, desto unentschlossener wirkte Vader. Er warf seinem Herrchen fragende Blicke zu, hörte auf zu knurren, und seine Schwanzspitze zuckte, als könne er sich nur mit Mühe das Wedeln verkneifen.

„Bleib hier, Flip!", rief Janne.

Aber Flip baute sich vor Vader auf und sah dem Jungen ins Gesicht. „Hast du ein Problem mit deinem Hund? Wir helfen nämlich."

„Verschwinde", knurrte der Junge. Er knuffte seinen Hund. Der knurrte wieder eine Sekunde lang, senkte dann den Kopf und seufzte.

Jetzt waren Janne und P.F.O.T.E. herangekommen.

„Tu ihm nichts", verlangte P.F.O.T.E. mit zitternder Stimme. „Er ist nämlich mein Freund."

„Natürlich tue ich ihm nichts", antwortete Vader leise. „Bist du verrückt? Ich tue doch kleinen Kindern nichts."

„Warum knurrst du ihn dann an?", fragte P.F.O.T.E.

„Weil mein Herrchen das so will", erklärte Vader. „Und ich bin schließlich ein braver Hund."

Janne versuchte, den Jungen freundlich anzusehen.

„Wir beraten nämlich Leute mit Hunden", sagte sie. „Mein Papa und wir."

„Weil mein Papa nämlich ein Plüschologe ist!", erklärte Flip stolz.

Der Junge starrte sie an.

„Du kannst zu uns kommen. Es klappt garantiert." Janne kritzelte ihre Adresse auf einen Zettel, den sie noch in der

Jackentasche herumtrug. Sie
reichte ihn dem Jungen.
„Hier wohnen wir."
„Vergiss es", sagte der Junge.
„Im Leben komme ich nicht
vorbei."
„Es kostet gar nichts", sagte
Flip schnell. „Nur Sahne-
kuchen."
„Wir helfen nämlich
Hunden", erklärte P.F.O.T.E.

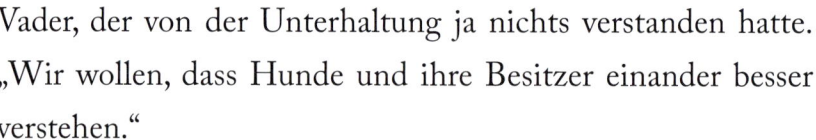

Vader, der von der Unterhaltung ja nichts verstanden hatte.
„Wir wollen, dass Hunde und ihre Besitzer einander besser
verstehen."

„Ist das wahr?", rief Vader und begann so heftig zu wedeln,
dass seine Schwanzspitze gegen die Hosenbeine des Jungen
peitschte.

„Vader!", blaffte ihn der Junge entnervt an. „Hör auf zu wedeln!"
Vader erstarrte. Aber er fing nicht wieder an zu knurren, sondern ließ den Kopf fast bis zum Boden hängen und schloss die
blutunterlaufenen Augen bis auf einen Spalt.

„Siehst du", wisperte er P.F.O.T.E. zu. „Ich bin ein böser Hund.
Ihr müsst mir helfen."

„Komm, P.F.O.T.E.", rief Janne.

P.F.O.T.E. folgte ihr sofort, um dem Jungen zu zeigen, wie wohlerzogen er war. Er war immerhin ein fast vollkommener Hund und gehorchte neunundneunzig von hundert Befehlen und bellte nur einmal am Tag, wenn gerade kein Einbrecher kam!

Flip hüpfte voraus. Er war bester Dinge, obwohl es heute sehr wenige Pfützen zum Hineinspringen gab und sie auch nur drei schrumpelige Kastanien gefunden hatten. „Wir haben einen echten Drachenhund gesehen!", rief er. „Und bald verdienen wir jede Menge Sahnekuchen!"

5.

Wenige Tage später klingelte es an der Tür.

P.F.O.T.E. hüpfte aufs Sofa – was ein fast perfekter Hund eigentlich nicht tun durfte. Aber wie sollte er sonst durchs Fenster erkennen, wer vor der Tür stand?

Vor der Tür standen der Hundedrache und sein schmales, blasses Herrchen.

P.F.O.T.E. sprang wie der Blitz vom Sofa. Wohin jetzt?

Er konnte sich nicht im Keller verstecken, denn die Kellertür war geschlossen.

Er passte nicht in den ohnehin schon überfüllten Besenschrank.

Er passte auch nicht unters Sofa.

Unter dem Küchenschrank wäre ausreichend Platz gewesen, aber dort hausten Spinnen, die ihm etwa genauso viel Furcht einflößten wie der Drachenhund.

Es blieb nur ein Sprung in den Wäschekorb, den Janne glücklicherweise heute Morgen nicht wieder zugedeckt hatte. Unter den ungewaschenen Kleidern, die lecker nach dem Schweiß sämtlicher Familienmitglieder rochen, fühlte sich P.F.O.T.E. gleich ein bisschen besser.

Warum der Vater den beiden Schreckensgestalten überhaupt die Tür öffnete, war ihm ein Rätsel.

„Hallo", piepste der schmale Junge. „Ich bin Anakin und das hier ist Vader."

„Hallo, Anakin", sagte der Vater. „Was kann ich für dich tun?"

„Ich kapier nicht, was mit meinem Hund los ist", sagte Anakin. Er putzte sich nicht die Schuhe ab, als er hereinkam, er grüßte nicht, er ließ seinen Hund auf den Boden sabbern.

„Sie verstehen was von Hunden?", piepste Anakin heiser.

„Ein bisschen", sagte der Vater vorsichtig.

P.F.O.T.E. hörte genau, dass der Vater sich nicht besonders über diesen neuen Fall freute.

Schritte hallten durch den Flur, dann öffnete sich die Tür zum Wohnzimmer. „P.F.O.T.E.?", rief Janne.

„Hä?", piepste es.

„Unser Hund. Ich weiß nicht, wo er steckt."

„Und?"

„Den brauchen wir. Er ist sozusagen ein … Gesprächshund."

„Hä? Können Sie sich vielleicht mal meinen Hund ansehen?"

„Was ist mit Vader?"

P.F.O.T.E. wühlte sich mit der Schnauze aus der Wäsche heraus, um besser hören zu können.

„ … und dann fällt er einfach um …"

„Was?", rief Janne.

„Einfach so. Auf den Rücken. Er streckt die Beine in die Luft."

„Warst du mal beim Tierarzt?", wollte der Vater wissen.

„Er hat nichts. Sagt der Tierarzt. Er hat nur was an der Birne. Meint der Tierarzt."

„Aber wenn er so einen Anfall hat …" Der Vater zögerte. „ … dann beißt er nicht, oder?"

„Nein. Er liegt nur da und lässt die Zunge aus dem Mund hängen."

Vader knurrte.

P.F.O.T.E. bekam ein schlechtes Gewissen. Ein fremder, gefährlicher Hund knurrte seine Familie an und er selbst versteckte sich in der Schmutzwäsche! Einem fast perfekten Hund durfte das nicht passieren.

„P.F.O.T.E.!", rief Janne. „Komm her!"

Schritte. Der Vater tauchte im Bad auf. Er kannte P.F.O.T.E.s Verstecke. Jedenfalls fast alle.

„Hab mich ein bisschen ausgeruht", sagte P.F.O.T.E. verlegen.

„Kommst du mit?", fragte der Vater. „Oder traust du dich nicht?"

„Klar traue ich mich", sagte P.F.O.T.E., aber seine Vorderbeine zitterten. Er sprang aus dem Wäschekorb und trabte mit gesenktem Kopf hinter dem Vater her.

Der Junge musterte P.F.O.T.E. verächtlich.

Der Vater räusperte sich. „Wir müssen Vader mit ins Nebenzimmer nehmen."

„Okay." Anakin reichte ihm ohne weitere Umstände die Leine.

Vader grollte so tief, dass seine Rippen unter dem dünnen Fell bebten.

„Geh schon mit", sagte Anakin lässig und angelte nach der Fernsehzeitung. „Darf ich?" Er zeigte auf den Fernseher.

„In Ordnung."

Flip reichte dem Jungen die Fernbedienung. Er wirkte überhaupt nicht ängstlich.

P.F.O.T.E. schlich mit Janne und Flip in die Küche. Der Vater führte Vader ganz vorsichtig hinterher.

„Wie legen wir ihm das Halsband um?", fragte Janne besorgt.

„Ich mach das", sagte Flip. „Ich habe keine Angst."

„Kommt nicht infrage", rief der Vater. „P.F.O.T.E., frag ihn erst mal, ob es in Ordnung ist."

P.F.O.T.E. schluckte. „Ähm … Vader?"

Der Hund drehte den Kopf und sah ihn aus seinen blutunterlaufenen Augen finster an. Geifer tropfte aus seinen Lefzen und bildete kleine Pfützen auf dem gekachelten Küchenboden.

„Könnten wir …? Wir müssten dir ein spezielles Halsband umlegen. Damit man dich versteht."

„Macht doch", grollte Vader.

Der Vater seufzte und beugte sich zu Vader hinunter. Der riesige Hund setzte sich und hob einen Vorderlauf, als wolle er Pfötchen geben. Aber dann zuckte er zusammen, stellte das

Bein stramm hin und knurrte wieder wild. Der Vater war sehr nervös, als er Vader das Halsband umlegte. Als er es geschafft hatte, atmete er hörbar auf.

„So. Jetzt verstehe ich dich", sagte er.

Vader starrte ihn an. „Ich verstehe dich", brummte er überrascht.

„Genau. Dann sag mir doch schnell, wo dein Problem liegt."

„Welches Problem?"

„Anakin – dein Herrchen – meint, es geht dir nicht gut."

„Ich habe kein Problem."

„Er ist hier, um zu erfahren, was er für dich tun kann."

„Ich habe kein Problem."

Der Vater seufzte.

„Es ist alles gut? Du bist mit deinem Leben zufrieden?"

„Ich bin ein lieber Hund. Ich habe kein Problem."

Der Vater warf P.F.O.T.E., der ohne sein Halsband nur Vaders Antworten verstehen konnte, einen Hilfe suchenden Blick zu.

„Ich bin ein lieber Hund", murmelte Vader jetzt vor sich hin. „Ich bin nämlich böse. Ein lieber Hund. Ein gehorsamer Hund. Ich mache, was mein Herrchen mir befiehlt. Mein Herrchen hat mich lieb. Ich bin ein lieber Hund. Ich habe überhaupt kein Problem."

„So kommen wir nicht weiter." Der Vater seufzte.

Aber Vader war nicht bereit, mehr zu sagen. Er saß nur noch schweigend da, und ab und zu tropfte ein bisschen Sabber auf den Boden. Nach zehn Minuten gaben Janne, Flip und ihr Vater auf.

„Darf ich?", fragte der Vater und schnallte Vader das Halsband ab. Der schnappte nachlässig nach seiner Hand, aber so, als würde ihn Beißen überhaupt nicht interessieren.

Der Vater schwitzte schon so sehr, dass er ähnlich lecker roch wie der Wäschekorb. Flip und Janne rannten ins Wohnzimmer. Anakin sah sich im Fernsehen gerade eine wilde Verfolgungsjagd mit quietschenden Autoreifen und Schießereien an und war gar nicht begeistert, als er gestört wurde.

„Der ist komisch, dein Hund", sagte Flip.

Janne stupste ihn in die Seite. „Er ist cool", sagte sie. „Aber wir wissen nicht, was er hat."

„Hab ich mir gleich gedacht, dass das nicht funktioniert", knurrte Anakin, ohne den Blick vom Bildschirm abzuwenden.

„Dafür verlangen wir keinen Kuchen", sagte Flip.

„Wär ja noch schöner." Anakin erhob sich, ohne den Fernseher auszuschalten. „Komm, Vader, die haben doch keine Ahnung."

„Wir könnten es gern ein zweites Mal versuchen."

„Bringt doch nichts." Anakin nahm Vaders Leine und zerrte ihn aus der Tür.

Der Vater machte den Fernseher aus.

Auf dem Gartenweg drehte sich Vader noch einmal um und sah P.F.O.T.E. an.

P.F.O.T.E. wich unwillkürlich einen Meter zurück.

Aber Vader knurrte nicht. Er machte das freundlichste Gesicht, das ein Hund wie Vader nur machen konnte, und bellte sanft: „Tschüs, Kumpel. Mach's gut." Dann setzte er wieder einen sehr strengen Blick auf, sah nach vorne und sprang knurrend gegen einen Radfahrer, der gerade am Haus vorbeikam.

P.F.O.T.E. starrte Anakin und Vader nach.

„Mit dem stimmt wirklich was nicht", sagte Janne. Sie sah Flip an. „Wollen wir ihm nachgehen?"

„Klar", sagte Flip.

P.F.O.T.E. und die Kinder warteten noch einen kleinen Moment lang ab, dann flitzten sie den beiden hinterher.

P.F.O.T.E. lebte jetzt schon eine ganze Weile in der Stadt und kannte sich inzwischen aus. Er wusste, dass man sich mit Autos nicht unterhalten konnte und ihnen besser aus dem Weg ging und dass man vor Eisdielen sehr lange warten musste, bis endlich jemandem eine Eiskugel herunterfiel. Janne und Flip sahen auch nicht so aus, als würden sie ihm ein Eis kaufen. Sie interessierten sich nur für diesen komischen Hund und seinen genauso komischen Besitzer.

Sie folgten Anakin und Vader mit Abstand. Dabei wanderten sie durch die Stadt bis in ein Viertel, das P.F.O.T.E. nicht kannte und das ihm gleich missfiel. Es wuchsen dort überhaupt keine Bäume und kein Gras. Alles war grau und eckig und roch nach Autoabgasen. Die Häuser waren besonders grau und eckig mit vielen kahlen Fenstern. Anakin und Vader überquerten eine der freudlosen Straßen und gingen bis zu einem der Hauseingänge. Anakin zog einen Schlüssel unter seiner Jacke hervor, schloss die Tür auf und verschwand mit Vader im Haus.

„Ich möchte hier nicht wohnen", bemerkte Flip.

„Er hat ein sehr großes Haus", stellte P.F.O.T.E. bewundernd fest. „Aber wo ist sein Garten?"

Die Tür öffnete sich wieder und eine Gruppe Jugendlicher trat heraus. Sie unterhielten sich laut gestikulierend und lachten grölend. Ein Dünner trat gegen eine leere Flasche, die vor der

Tür herumlag, ein Bulliger stopfte die Hände in die Hosentaschen und sah sich drohend nach allen Seiten um, als suche
er jemanden, den er verprügeln könnte.

„Genau wie Vader, wenn er böse ist", flüsterte Janne und duckte
sich hinter einen Müllcontainer.

Die Jugendlichen steckten sich Zigaretten an, pafften einen
Moment lang und marschierten dann mit finsteren Mienen
die Straße hinunter an P.F.O.T.E., Flip und Janne vorbei. Flip

verkroch sich hinter Janne. P.F.O.T.E verkroch sich hinter Flip. Alle hielten den Atem an.

„Komische Brüder hat er", wisperte P.F.O.T.E.

Janne wandte sich um. „Wer?"

„Anakin. Es müssen seine Brüder sein. Sie sind doch aus demselben Haus gekommen."

Da musste Flip so laut lachen, dass der Jugendliche, der am Ende der Gruppe ging, stutzte und den Kopf wandte. Janne hielt Flip den Mund zu.

„Es sind Nachbarn", wisperte Janne.

„Aber eure Nachbarn wohnen nicht bei euch. Die haben ein eigenes Haus", wandte P.F.O.T.E. ein.

„Das erklären wir dir nachher", versprach Janne. „Komm, wir gehen in den Park und spielen noch eine Runde Bällchen."

Da vergaß P.F.O.T.E. jede Vorsicht. Er umkreiste laut kläffend den Container. Das durfte er, denn er hatte an diesem Tag bisher noch kein einziges Mal gebellt. Er hatte es sich für einen ganz besonderen Moment aufgehoben. Und der allerbesonderste Moment am Tag war immer der, wenn Flip das alte Bällchen aus der Hosentasche zog und mit P.F.O.T.E. spielte.

6.

Samstage waren schön, denn samstags mussten die Kinder nicht in die Schule. Darüber waren sie diesmal besonders froh, denn es war ein dunkler, regnerischer und kalter Tag.

Die Mutter warf einen Blick aus dem Fenster, letztes Herbstlaub wirbelte übers Gras. „Wenn es so weitergeht, dann bekommen wir früh Schnee", sagte sie.

„Ja! Schnee!", jubelte Janne.

„Was ist Schnee?", fragte P.F.O.T.E. interessiert. „Kann man das essen?"

Flip nickte. „Ja. Schmeckt aber nicht gut."

Seine Mutter warf ihm einen strengen Blick zu.

„Im Schnee kann man toll spielen", erklärte Janne. „Schneebälle werfen."

„Au ja! Ich fange dann die Schneebällchen und bring sie euch wieder!" P.F.O.T.E. sprang vor Begeisterung von seinem Stuhl, rannte in den Flur und kam wieder zurück.

Flip sah nicht begeistert aus.

„Was ist los?", fragte Mama. „Du magst doch Schnee?"

„Aber Tapf Eins friert", jammerte Flip. „Er hat ein ganz dünnes Fell."

„Wölfe frieren nicht", widersprach P.F.O.T.E.

„Er ist kein Wolf", sagte Flip. „Er ist ein Mops."

„Er ist beides", erklärte Janne. „Aber er hat ein dünnes Mopsfell."

„Und deswegen friert er." Flip hatte Tränen in den Augen.

„Es liegt ja noch kein Schnee", sagte die Mutter schnell. „Vielleicht wird es noch mal wärmer."

„Er braucht eine Hütte", erklärte Flip. „Wir müssen ihm eine Hütte bauen."

„Aber er ist nicht unser Hund", wandte die Mutter ein.

„Ist doch egal. Man kann auch zu Hunden nett sein, die einem nicht gehören."

Die Mutter sah wieder aus dem Fenster. Der Wind schüttelte die kahle Birke, Regen peitschte gegen die Scheiben. „Warum nicht", murmelte sie. „Er ist immerhin P.F.O.T.E.s Freund."

„Genau!", rief P.F.O.T.E. „Bekomme ich auch eine Hütte?"

„Aber du wohnst doch hier im Haus."

P.F.O.T.E. senkte betrübt den Kopf, aber dadurch entdeckte er eine Kekshälfte, die unter den Tisch gefallen war. Er verschlang sie glücklich.

Das Leben war doch richtig gerecht! Kaum erlebte man eine Enttäuschung, bekam man ganz überraschend schon wieder einen Keks geschenkt. Zumindest einen halben.

„Wir bauen ihm ein großes Haus", schlug er vor, als er den letzten Krümel verschluckt hatte. „So eins wie das Haus von Vader."

„Ein kleines reicht für so einen kleinen Hund", sage Mama. „Wir könnten heute Nachmittag zum Baumarkt fahren und ein paar Bretter kaufen."

Und so stiegen nach dem Mittagessen alle vier in das kleine Auto. Die Mutter gab die Adresse des Baumarkts in ihren Navigator ein und startete den Motor. P.F.O.T.E. trug das Geschirr, mit dem er im Auto angeschnallt wurde. Er mochte es nicht, festgebunden zu sein, aber Janne hatte ihm erklärt, dass das auch seiner eigenen Sicherheit diente. Er wollte ja bei einem Zusammenstoß sicher nicht wie eine Kanonenkugel durchs Auto fliegen.

Der Weg führte sie aus ihrem Viertel hinaus in die Gegend, in der Anakin und Vader wohnten. Flip und Janne reckten die Köpfe.

„Da ist er!", rief Janne. „Anakin."

Flip drängte gegen das Fenster. „Und Vader?"

„Ohne Vader." Sie biss sich auf die Unterlippe. „Und da sind die Typen von gestern." Sie tippte ihrer Mutter auf die Schulter. „Fahr mal bitte langsam."

Wirklich kam ihnen Anakin auf dem Gehweg entgegen. Er schlurfte langsam daher, die Hände in den Hosentaschen. Um die Schulter trug er eine Sporttasche. Er hielt den Kopf gesenkt und hatte die Jugendlichen, die ihm entgegenkamen, offenbar nicht bemerkt. Er sah erst auf, als sie ihn umringt hatten.

Janne klammerte sich an der Rückenlehne des Fahrersitzes fest. „Halt an, Mama!", rief sie.

Die Mutter fuhr an den Straßenrand. „Was ist denn?"

Janne und Flip sprangen aus dem Auto, aber natürlich wagten sie sich nicht näher. Sie hörten die Jugendlichen laut lachen.

„Der dünne Hering hat sein Schoßhündchen gar nicht dabei", witzelte einer.

„Red nicht so laut", kicherte ein zweiter, dickerer. „Er sieht so aus, als würde er gleich ohnmächtig werden."

Tatsächlich sah Anakin ganz anders aus als am Tag zuvor, als er sich auf dem Familiensofa gelümmelt hatte. Er wirkte kein bisschen selbstsicher

und arrogant. Er starrte ängstlich auf seine Schuhe, hatte die Schultern hochgezogen und erschien kleiner und magerer als je zuvor.

„Leider musst du Eintritt bezahlen, wenn du hier durchwillst." Der erste Jugendliche schob sich näher an ihn heran. Janne und Flip sahen einander an. Das waren ja Räuber! Janne klopfte ans Beifahrerfenster. „Mama!", flehte sie. „Du musst was machen!"

„Ich hab kein Geld", murmelte Anakin.

„Du gehst doch sicher gerade einkaufen."

„Ich gehe zum Sport."

Der Dicke wandte sich zu den anderen um. „Der Hering macht Sport! Angeln oder was?" Er sah Anakin wieder an. „Dann bezahlst du morgen."

In diesem Moment stieg Mama aus und ging auf die Jugendlichen zu. P.F.O.T.E. zerrte an seinem dämlichen Geschirr. Er wollte sie verteidigen!

„Steig ein, Anakin", sagte die Mutter freundlich. „Wir fahren dich."

Anakin starrte sie an. Er sah Janne und Flip an, erkannte sie und zuckte mit den Achseln.

„Okay", sagte er. Mama öffnete ihm die Beifahrertür. Er ließ sich auf den Sitz fallen und knallte die Tür zu.

„Wohin musst du?", fragte die Mutter.

„Andere Richtung", nuschelte Anakin.

„Okay." Die Mutter wendete das Auto. „Sag mir, wo du aussteigen willst."

Einen Moment lang fuhren sie schweigend. Jetzt, wo Anakin im Auto saß, wirkte er schon wieder gar nicht mehr klein und dünn, sondern so bedrohlich wie gestern. Der scharfe, gefährliche Geruch von Vader hing in seiner Kleidung, und

P.F.O.T.E. wurde es vor Aufregung so schwindlig, als könnte Anakin seinen Hund jeden Moment einfach aus der Sporttasche springen lassen. Dabei war die Sporttasche viel zu klein für einen riesigen Drachenhund wie Vader.

„Wo ist Vader?", fragte Janne.

„Daheim. Der kann ja wohl nicht mit zum Sport."

„Was für einen Sport betreibst du denn?", erkundigte sich die Mutter freundlich.

„Muckibude."

„Klar." Mama bremste an einer Ampel ab.

„Hier kann ich aussteigen." Anakin riss die Tür auf.

„Kommt doch noch mal zu uns", schlug Janne vor. „Bei manchen Hunden klappt es vielleicht erst beim zweiten Mal."

P.F.O.T.E. starrte sie erschrocken an.

„Kann schon sein." Anakin zuckte mit den Achseln, schwang sich seine Sporttasche über die Schulter und stapfte davon.

„Er hat nicht Danke gesagt", rügte P.F.O.T.E.

„Er ist eben so ähnlich wie dein Mops", sagte die Mutter.

„Gar nicht!", schrie Flip empört. „Tapf Eins ist total lieb! Und jetzt bauen wir ihm ein Häuschen, damit er nicht friert!"

7.

Den ganzen Nachmittag verbrachten die Kinder und ihre Eltern im Gartenschuppen. Sie planten, sägten und hämmerten so eifrig, dass mehrere Nachbarn aus ihren Haustüren traten und sie neugierig beobachteten.

„Wir bauen eine Hundehütte!", brüllte Flip ihnen zu.

Einer der Nachbarn schlüpfte in eine Jacke und überquerte die Straße.

„Ein bisschen klein, die Hütte", stellte er mit Blick auf P.F.O.T.E. fest.

Flip lachte. „Ist ja auch für einen anderen Hund."

Der Nachbar wurde blass. „Sie wollen sich noch einen Hund anschaffen?"

„Nein", beruhigte ihn die Mutter. „Wir verschenken die Hütte."

Der Nachbar nickte, blieb aber noch eine ganze Weile stehen und beobachtete misstrauisch die Bauarbeiten. „Ich würde ja kleinere Nägel nehmen", sagte er. „Diese hier sprengen die Bretter. Die linke Dachseite kommt mir etwas schief vor. Sie denken aber schon dran, dass sie das Ganze auch lackieren müssen? Wetterfest?"

Der Vater knurrte nur vor sich hin.

Am nächsten Tag war die Hütte fertig.

Da Tapf Eins ein Wolf-Mops war und keinen festen Wohnort hatte, war es nicht einfach, ihn zu finden. Die Eltern von Janne und Flip packten die Hundehütte ins Heck ihres alten Autos und fuhren zum Fluss. P.F.O.T.E., der als fast perfekter Hund aus dem Labor eine bessere Spürnase hatte als jeder Jagdhund, nahm die Fährte von Tapf Eins auf.

„Folgt mir einfach!", rief er. „Ihr könnt ja die Hütte mitbringen."

„Sie ist zu schwer", protestierte Janne.

„Bring lieber Tapf Eins her, wenn du ihn gefunden hast", rief der Vater. „Wir warten hier."

Mama und Papa setzten sich auf große Steine und sahen in den Fluss. Janne und Flip sammelten Stöckchen, die sie ins Wasser warfen, bunte Kiesel und sogar Muschelschalen. Nach einer Weile stand die Mutter seufzend auf, holte eine Tüte aus dem Auto und begann, den herumliegenden Müll aufzusammeln.

„Einer muss es ja machen", sagte sie. Janne und Flip halfen ihr, die Flaschen, Chipstüten und Plastikgabeln aufzuheben.

Flip fand sogar eine alte Badehose. „Vielleicht passt sie Papa",
meinte er. Aber Mama runzelte nur die Stirn und steckte die
Badehose in den Müllsack. Dann wusch sie sich die Hände im
Fluss und schnupperte misstrauisch an ihnen.

P.F.O.T.E. folgte inzwischen der Fährte von Tapf Eins. Sie
entfernte sich vom Fluss und führte in einen kleinen, dichten
Auwald. Es roch nach Wildschweinen. Tapf Eins erzählte oft
von der Wildschweinjagd, und P.F.O.T.E. fand es sehr eindrucksvoll, dass sein kleiner Freund es schaffte, so große, wilde
Tiere zu fangen.

Endlich entdeckte er den schwarzen Mops. Er buddelte unter den Wurzeln eines großen Baums, steckte von Zeit zu Zeit den Kopf ins Loch und verschlang etwas.

„Hallo!", rief P.F.O.T.E. „Was frisst du denn da?"

Tapf Eins zuckte aus dem Loch zurück, als hätte ihn eine Natter gebissen.

„Ich fresse gar nichts!", rief er empört. „Was spionierst du mir nach?"

„Ich habe dich gesucht, weil meine Familie dir etwas schenken will", erklärte P.F.O.T.E.

„Ich brauche nichts", sagte Tapf Eins stolz. „Nichts von Menschen jedenfalls."

„Schade", sagte P.F.O.T.E. enttäuscht. „Dann sage ich ihnen, sie sollen es wieder mitnehmen." Er trat an das Loch heran, das der Mops gebuddelt hatte. „Was gibt es denn da drin zu fressen?", erkundigte er sich neugierig. Er selbst konnte nichts entdecken. Nur ein dicker rosa Regenwurm ringelte sich eilig davon.

„Nichts."

„Ich habe gesehen, dass du was gefressen hast."

„Ach, das waren nur … Eier", sagte der Mops. „Wild-schwein-Eier!"

„Oh!", rief P.F.O.T.E. „Die würde ich auch gerne probieren."

„Tut mir leid", bellte der Mops schnell. „Ich habe schon alle verspeist. Es waren nur drei. Jede Wildsau legt nur drei Eier, musst du wissen."

„Schade." P.F.O.T.E. sah noch einmal genau hin, aber er konnte keine Eierschalen entdecken. Vielleicht fraß ein Wolf die einfach mit?

„Komm doch mit", drängelte er. „Die Kinder wären furchtbar enttäuscht, wenn sie dir dein Geschenk nicht geben könnten."

„Mir doch egal", sagte der Mops.

„Schade", sagte P.F.O.T.E. betrübt und wandte sich zum Gehen. „Dann tschüs."

„Was ist es denn?", rief der Mops ihm schnell nach.

„Es sollte eine Überraschung sein. Aber lass nur."

„Kann man es essen?"

„Nein. Vergiss es. Ich habe ihnen gleich gesagt, du willst es nicht."

„Ich könnte es mir ja mal ansehen."

P.F.O.T.E. hielt an und sah sich um. „Dann komm!"

Tapf Eins zottelte hinter P.F.O.T.E. her in Richtung Fluss. P.F.O.T.E. freute sich über das Treffen mit seinem alten Freund. Er erzählte ihm von Pipette, von Vader und von deren Herrchen und Frauchen und von dem großen Haus, in dem Anakin wohnte, und von seinen großen, unfreundlichen Brüdern und vom Meer und herrlichem Fischduft, und weil das alles so durcheinanderging, hörte Tapf Eins bald nicht mehr zu und träumte stattdessen von Wildschweinen und Wölfen.

Endlich konnte P.F.O.T.E. seine Familie riechen. Es war der beste Geruch auf der ganzen Welt, noch viel besser, da war er sich sicher, als irgendein alter, vergammelter Fisch in der Sonne riechen konnte.

Er hüpfte fröhlich voraus. „Hab ihn gefunden!"

Janne und Flip liefen ihnen entgegen. P.F.O.T.E. fiel auf, dass Flip sich gar nicht wirklich um ihn kümmerte, sondern sofort zu Tapf Eins rannte.

„Da bist du ja", sagte er zum Wolf-Mops und wollte ihn auf den Arm nehmen.

Aber Tapf Eins bremste scharf ab und wich ihm aus.

„Sag ihnen, dass ich nur mal zum Gucken gekommen bin", wies er P.F.O.T.E. an.

„Er freut sich schon total auf das Geschenk", übersetzte P.F.O.T.E.

„Komm, Tapf Eins!" Flip lief voraus. Die Eltern standen auf und klopften sich Sand von den Hosen. Papa hielt schon das Handy hoch, um Tapf Eins in seinem neuen Haus zu fotografieren.

Die Hundehütte hatten sie mitten auf den Strand gestellt.

Flip und Janne strahlten. „Sag ihm, dass wir sie extra für ihn gebaut haben!", sagte Janne.

P.F.O.T.E. übersetzte.

„Sie ist schief", sagte Tapf Eins. Er stand stocksteif da und starrte die Hütte an.

„Schief ist schön", behauptete P.F.O.T.E.

„Aber ein Wolf ..."

„Wölfe finden schief schön", sagte P.F.O.T.E. mit fester Stimme. „Schließlich leben sie im Wald. Da fällt immer mal etwas um."

„Hm", machte Tapf Eins. Er stand immer noch da und schaute nur.

„Freut er sich gar nicht?", fragte Flip bestürzt.

„Er kann sich vor Freude kaum bewegen", sagte P.F.O.T.E.

„Warum wedelt er nicht mit dem Schwanz?"

„So etwas tun Wölfe doch nicht", sagte Mama ganz schnell, und Papa nickte.

„Ich kann doch nicht in einem Haus wohnen", sagte Tapf Eins.

„Es ist kein Haus. Es ist nur eine Hundehütte", wandte P.F.O.T.E. ein.

„Aber nur Haushunde haben Hundehütten."

„Es ist ja eigentlich auch eher ... eine Hundehöhle!", verbesserte P.F.O.T.E. schnell.

Genau beobachtet von vier Menschen und einem Hund machte Tapf Eins einen Schritt auf die Hütte zu, dann einen zweiten. Er hob die Nase und witterte.

„Sag ihm, dass wir eine Decke reingelegt haben!", kommandierte Flip.

„Das sieht er doch." P.F.O.T.E. beobachtete seinen Freund. Der setzte jetzt einen Fuß in die Hütte, fuhr zurück und sah P.F.O.T.E. an. „Du lügst! Das ist keine Höhle! Es ist ein Haus. Ein Menschenhaus."

„Menschen passen gar nicht hinein!", erklärte P.F.O.T.E. „Und außerdem sollst du nicht frieren. Du hast ja nur ein Mopsfell."

Der Mops ging ganz in die Hütte hinein.

Alle vier Menschen applaudierten.

Der Mops sprang mit einem Satz wieder ins Freie.

„Es geht nicht", sagte er zu P.F.O.T.E. „Wölfe leben nicht in Hundehütten."

„Es gefällt ihm so gut, dass er sich erst einmal an sein Glück gewöhnen muss", übersetzte P.F.O.T.E. für seine Familie.

„Sag ihnen vielen Dank auch, aber ich kann das Haus nicht gebrauchen."

„Ihr sollt es ihm dalassen und er wird euch ewig dankbar sein", übersetzte P.F.O.T.E. Flip klatschte in die Hände. „Wo sollen wir es hinstellen?"

„Wo würdest du es hinstellen, wenn du kein Wolf wärst, sondern ein frierender Mops?", erkundigte sich P.F.O.T.E. bei Tapf Eins.

Der Mops sah sich um. „Na ja, es fällt mir sehr schwer, mir das vorzustellen", gab er zu. „Aber ich glaube, ich würde es dort drüben zwischen die beiden Weidenbäume klemmen. Von dort aus hat man einen Blick aufs Wasser und es kann sich niemand von hinten anschleichen."

P.F.O.T.E. gab das weiter, und die Kinder setzten die Hütte an der Stelle ab, die der Mops ausgesucht hatte. Sie klopften die Decke zurecht und streuten dann sogar noch ein paar Hundekekse hinein.

„Was machen sie?", fragte Tapf Eins.

„Sie lassen die Hütte da. Nur für den Fall, dass ein frierender Wolf vorbeikommt", erklärte P.F.O.T.E.

„Ph", machte Tapf Eins.

Flip ging zu ihm, kauerte sich auf den Boden und streichelte dem Mops über den Rücken, bevor der sich wehren konnte.

„Wir haben dich nämlich lieb, auch wenn du ein Wolf bist", sagte er. Eigentlich konnte der Mops Menschensprache ja nicht verstehen, aber er verstand dennoch, was Flip ihm sagen wollte.

Er fand es ausgesprochen ärgerlich, dass er sich darüber freute!

8.

Anakin und Vader warteten vor der Haustür. Anakin hatte sich auf die Türschwelle gesetzt und Vader lag flach und mit entspannt heraushängender Zunge mitten in Mamas Kräuterbeet.

„Da seid ihr ja", sagte Anakin. „Ich warte schon seit einer Ewigkeit."

„Hattest du einen Termin?", erkundigte sich der Vater.

„Ph", machte Anakin verächtlich, und das erinnerte P.F.O.T.E. sehr an Tapf Eins. Der Junge stand sehr langsam auf, damit der Vater die Tür aufschließen konnte. „Ich will gar nicht rein", sagte er. „Ich will, dass ihr mitkommt und euch etwas anseht."

„Ich für meinen Teil habe jetzt frei", erklärte der Vater sehr bestimmt. „Ich habe schon Hundehütten gebaut und einen verrückten Mops versorgt und jetzt ist endlich Wochenende."

„Ich bin mit meiner Freundin Nicole zum Kaffee verabredet", sagte die Mutter entschuldigend. „Geht es auch ein andermal?"

„Was ist mit euch?", fragte Anakin und sah Janne und Flip herausfordernd an.

„Klar", sagte Janne. „Wir haben Zeit."

„Aber wohin wollt ihr?", fragte der Vater misstrauisch.

„Nicht weit", sagte Anakin. „Ihnen passiert schon nichts."

„P.F.O.T.E. ist ja bei ihnen", sagte die Mutter beruhigend. Alle sahen sich nach P.F.O.T.E. um. Es dauerte einen Moment, bis sie ihn entdeckten. Er hatte sich nämlich hinter der blauen Mülltonne versteckt und den Schwanz zwischen die Hinterbeine geklemmt. Er konnte nichts sagen, denn das Halsband war geheim, und Anakin durfte nichts davon wissen. Aber Menschen waren einfach großartige Wesen. Sie verstanden ihn auch ohne Worte und wussten, dass er vor Vader Angst hatte. Anakin sah Vader auffordernd an. Der rappelte sich mühsam aus dem Beet auf, schüttelte sich so, dass seine Lefzen schlackerten, machte dann drei Schritte zur Mülltonne und sah dahinter.

„Ich tu dir nichts", sagte er. „Ich bin doch ganz lieb."

Aber P.F.O.T.E. wich noch weiter zurück.

Vader räusperte sich, sah sich kurz nach Anakin um, dann wedelte er entschlossen mit dem Schwanz. Der war so kräftig und lang, dass er heftig gegen die Mülltonne schlug wie gegen eine Trommel. Der Lärm erschreckte P.F.O.T.E. noch mehr. Er duckte sich in die Ecke, als wolle er mit den Häuserwänden verschmelzen.

„Hallo! Hey, sieh mich an!", rief Vader. „Du, guck mal! Ich wedle doch schon die ganze Zeit mit dem Schwanz! Hallo!"

P.F.O.T.E. blinzelte.

„Und das heißt, ich tu dir nichts. Ich bin nämlich lieb, weißt du?"

P.F.O.T.E. wusste nicht, was er sagen sollte.

„Und weil ich lieb bin, bin ich manchmal böse. Und wenn ich böse bin, bin ich richtig lieb! Und ..."

Vaders Blick wurde glasig, er schüttelte sich. „Jedenfalls tu ich dir nichts. Kannst ruhig rauskommen."

Sehr zögernd kroch P.F.O.T.E. hinter der Mülltonne hervor.

„Super! Jetzt können wir spielen!", rief Vader und schubste

P.F.O.T.E. kumpelhaft mit seiner Riesentatze an. P.F.O.T.E. fiel von diesem Stoß einfach um.

„Der darf ihm nichts tun!", schrie Flip wütend.

„Der tut ihm nichts", sagte Anakin. „Komm, Vader, sei jetzt lieb."

Sofort stellte Vader das Schwanzwedeln ein, senkte den Kopf und knurrte.

„Braver Hund", sagte Anakin. „Komm jetzt."

Mit federnden Schritten näherte sich Vader, strebte dann dem Gartentor zu. Die Eltern von Janne und Flip sahen nicht so richtig begeistert aus, als Janne P.F.O.T.E. an die Leine nahm und die Kinder Vader und Anakin folgten.

„Lass das Handy an", rief die Mutter Janne nach.

„Wo gehen wir hin?", fragte Flip.

P.F.O.T.E. durfte nichts sagen und er wollte auch nichts sagen. Er war beleidigt, denn er hasste die Leine. Es war demütigend, sich am Hals anbinden zu lassen. Und außerdem hatte er immer noch Angst vor Vader und noch ein bisschen mehr vor diesem komischen Herrchen.

Anakin redete nicht. Er hatte einen Ohrhörer ins Handy gestöpselt und war in seiner Musik versunken. Janne und Flip redeten auch nicht. Janne fand es komisch, dass die Mutter ihr erlaubt hatte, Anakin zu begleiten. Offenbar hielt sie ihn für ganz ungefährlich. Jannes Mutter hielt überhaupt fast alle Menschen und Tiere für ungefährlich und meistens hatte sie ja recht.

Sie entfernten sich immer weiter von ihrem Wohnviertel. Janne kannte sich nicht mehr so gut aus. Gerade hatte sie beschlossen, dass sie jetzt mit Flip und P.F.O.T.E. doch umkehren würde, als Anakin ruckartig stehen blieb und die Stöpsel aus den Ohren zog.

„Da vorne sind sie. Versteckt euch. Aber so, dass ihr sehen könnt, was passiert."

Janne und Flip und P.F.O.T.E. huschten in einen Hauseingang.

Janne reckte den Kopf und sah die Jugendlichen aus Anakins Nachbarschaft gelangweilt an der Straßenecke herumlungern. Alle hatten ihr Handy in der Hand. Ein sehr magerer Typ mit Stoppelhaaren sah zuerst von seinem Telefon auf und entdeckte Anakin und Vader, die die Straße herunter auf sie zu spazierten.

„Hey, Leute! Der Hering und seine wilde Bestie!"

Der Magere stellte sich mitten auf den Gehweg und rief: „Na, da ist ja das liebe Hundchen! Na, komm, lass dich kraulen!"

Wie auf Knopfdruck begann Vader zu wedeln. Er sprang auf den Jungen zu und schmiegte sich freundlich an seine Beine.

Dann zuckte er zurück und fing wild an zu knurren. Dann wedelte er wieder. Er sah sich nach Anakin um.

„Sei sofort lieb, Vader", sagte Anakin drohend.

Vader sprang mit allen vieren in die Luft und sträubte das Nackenfell. Er knurrte und fletschte die Zähne. Aber die Jungen hatten keine Angst vor ihm.

„So ein böser Hund", sagte der Magere grinsend.

Sofort sank Vader in sich zusammen und fing wieder an zu wedeln.

„Was macht er denn?", fragte Janne ratlos.

„Komischer Hund", meinte P.F.O.T.E. nur. „Ist er jetzt lieb oder böse?"

Vader knurrte und wedelte gleichzeitig mit dem Schwanz. Er duckte sich vorn, als wolle er die Jugendlichen zum Spielen auffordern, stellte sich dann wieder steif hin und sträubte die Haare. Er drehte sich um sich selbst und schnappte nach seiner Schwanzspitze. Er ließ die Zunge aus dem Maul hängen.

Er fiel um.

Er lag auf dem Rücken, streckte alle vier Beine in die Luft und regte sich nicht mehr.

„Ist er tot?", flüsterte Flip ängstlich.

„Nein", flüsterte Janne zurück. „Es ist das, wovon Anakin erzählt hat."

Die Jugendlichen grölten. Sie schubsten Vader mit der Fuß-
spitze, aber der reagierte nicht. Er lag reglos da und hechelte.
Anakin trat näher.

„Dein Schoßhündchen ist mal wieder ohnmächtig geworden",
spottete der Magere.

„Bei Fuß, Vader", zischte Anakin.

„Probier's mal mit einem richtigen Schoßhund", schlug der

Magere vor. „Zum Beispiel mit einem Mops. Der ist bestimmt gefährlicher als dein sanftes Kätzchen hier."

Vader zappelte ein bisschen mit den Beinen.

„Böser Hund", schnauzte Anakin.

„Lieber Hund!", spottete der Muskeltyp. Er schubste Anakin so heftig in den Rücken, dass er hinfiel. Die anderen lachten. Vader wälzte sich auf den Bauch, presste die Schnauze auf den Asphalt und winselte. Anakin rappelte sich auf und ruckte an der Leine. Vader erhob sich. Er hielt den Kopf gesenkt und hatte die Rute zwischen die Hinterbeine geklemmt.

Janne drehte sich zu P.F.O.T.E. um. „Hast du eine Idee, was mit ihm los ist?"

„Keine Ahnung." P.F.O.T.E. überlegte. „Vielleicht hat er etwas Falsches gegessen. Manchmal machen Hunde komische Sachen, wenn sie etwas Komisches gegessen haben. Mein Freund Strubbel zum Beispiel ..."

„Ich glaube nicht, dass es daran liegt", sagte Janne.

„Warum fragst du mich dann?" P.F.O.T.E. war beleidigt.

„Jedenfalls müssen wir ihm helfen", erklärte Flip. „Ich glaube, er ist lieb."

„Er ist nicht lieb", widersprach P.F.O.T.E. „Er ist eine wilde Bestie. Wenn er gerade nicht lieb ist", fügte er nach kurzem Zögern hinzu.

Anakin näherte sich. Vader schlich hinter ihm her wie ein geprügelter Hund, aber natürlich war er nicht geprügelt worden. „Jetzt habt ihr's gesehen", rief Anakin von Weitem. „Er kriegt's nicht hin."

„Was kriegt er nicht hin?"

„Er sieht nicht gefährlich aus", sagte Anakin. „Dabei habe ich mir damals beim Händler den Hund ausgesucht, der am allergefährlichsten aussieht, damit mich alle in Ruhe lassen."

„Ich finde schon, er sieht gefährlich aus", murmelte Flip. „Wenn er gerade nicht lieb aussieht."

„Er soll überhaupt kein bisschen lieb aussehen!", rief Anakin angenervt. „Gar nie! Und er soll schon überhaupt nicht verrückt aussehen!"

„Tut er aber", stellte Janne fest. Sie musterte den niedergeschlagenen Vader, streckte vorsichtig ihre Hand aus und streichelte ihm den mächtigen Kopf. „Aber ich finde es besser, dass er nicht beißt."

„Habe ich gesagt, dass er beißen soll?", schnauzte Anakin. „Ich habe gesagt, er soll so aussehen, als würde er es tun."

„Komm noch mal zu uns nach Hause", forderte Janne Anakin auf. „Wir kriegen vielleicht doch noch raus, was mit ihm los ist."

„Ich überleg's mir." Anakin starrte auf seine Füße. Dann sah er Janne an. „Ich begleite euch noch ein Stück, damit ihr den Heimweg findet."

Das fand Janne sehr anständig von Anakin. Die drei machten sich auf den Rückweg. Vader ging mit gesenktem Kopf hinter ihnen her. P.F.O.T.E. trabte neben ihm und überlegte, was er sagen sollte.

„Magst du Zitroneneis?", fragte er einmal, aber da sah ihn Vader nur verständnislos an. P.F.O.T.E. überlegte weiter, bis ihm wieder ein Thema einfiel: „Meinst du, ein Mops könnte in Wirklichkeit ein Wolf sein?"

„Nein", knurrte Vader. „Aber ich glaube, ein Wolf kann in Wirklichkeit ein Schaf sein."

„Wirklich?" P.F.O.T.E. staunte. „Das habe ich noch nie gehört. Ich werde es meinem Freund, dem Wolf-Mops, erzählen."

„Von mir aus", grummelte Vader.

Als sie das Wohnviertel von Flip und Janne erreichten, verabschiedete sich Anakin. Die Kinder sahen ihm und Vader nach, bis sie um die Ecke verschwunden waren.

„Hoffentlich lassen die blöden Jungs ihn in Ruhe", sagte Flip.

„Ich kapier's immer noch nicht", sagte P.F.O.T.E. „Sind es jetzt seine Brüder oder nicht? Und wenn es seine Brüder sind, warum benehmen sie sich dann so gemein?"

„Ich erklär's dir zu Hause", versprach Janne.

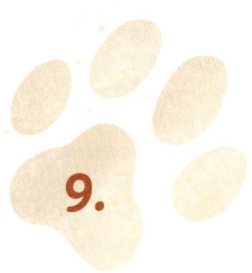

9.

Der Mops saß vor seinem neuen Häuschen. Er wusste nicht, was er denken, sagen und tun sollte, und das war ihm noch nicht oft passiert.

Eigentlich waren Wölfe ja selbstsichere Wesen, die niemals zögerten oder gar zweifelten.

Zweifellos gab es für einen Wolf nichts Peinlicheres, Unpassenderes, Demütigenderes und Sinnloseres als eine Übernachtung in einer von Menschen gebauten Hundehütte. Wölfe waren schließlich keine verweichlichten, winselnden Sofawesen, die sich von Menschen hätscheln lassen mussten, um zu überleben. Kein Wolf der Welt, da war sich Tapf Eins ganz sicher, hätte freiwillig in einer Hundehütte geschlafen.

Aber der Mops fror. Er war schon eine ganze Weile am Fluss auf und ab gehoppelt, um sich zu wärmen, aber nun wurden ihm die Beine schwer.

„Jetzt komm schon rein", rief ihm die Katze zu. „Es ist sehr angenehm hier drin."

Sie hatte es sich, ohne lange zu fragen, im Häuschen gemütlich gemacht.

„Ich kann nicht", brummte der Mops.

„Das ist schlecht", rief die Katze. „Mir ist nämlich immer noch ein bisschen kalt. Es wäre viel gemütlicher, wenn du hier bei mir wärst."

„Ausgeschlossen", sagte der Mops. „Normalerweise helfe ich ja gerne, aber ich mache mich doch nicht lächerlich."

Er setzte sich in den kalten Sand. Seine Beine zitterten. Er war wirklich sehr müde und die Augen fielen ihm zu. Noch im Sitzen begann er zu träumen. Zuerst träumte er von Wölfen. Aber dann träumte er von einem Menschen, einem kleinen Jungen, der ihm sanft übers Fell streichelte und freundlich mit ihm redete. Tapf Eins wollte sich wehren, aber er saß wie erstarrt. Die Hand des Jungen war rosa und warm und ein bisschen feucht. Genau genommen sogar ziemlich feucht, als habe er sie gerade ins Wasser getaucht. Genau genommen ...

„Wach auf!", rief die Katze. „Du zitterst vor Kälte!"

Der Mops blinzelte. Kein kleiner Junge hockte neben ihm, und das, was er im Traum für eine streichelnde Hand gehalten hatte, war die Zunge der Katze gewesen.

Für einen Wolf war eines so demütigend wie das andere.

„Was machst du denn", knurrte der Mops.

„Ich musste dich wecken, bevor du erfrierst", sagte die Katze. „Komm jetzt in die Hütte. Wir wärmen uns gegenseitig."

„Ein Wolf kuschelt nicht mit einer Katze", knurrte der Mops unwirsch.

„Ich bin keine Katze", sagte die Katze. „Ich bin eigentlich ein Löwe."

Der Mops runzelte die Stirn. Machte sich die Katze etwa über ihn lustig?

„Wenn ich eine richtige Katze wäre", fuhr die Katze fort, „dann hätte ich natürlich Angst vor einem Wolf. Aber sieh mich an, habe ich etwa Angst vor dir?"

„Nein", murmelte der Mops. „Erstaunlich."

„Eben", sagte die Katze. „Würden Wölfe möglicherweise mit Löwen in einer Hütte schlafen?"

„Ein Löwe würde gar nicht in diese lächerliche Hütte hineinpassen", sagte Tapf Eins, aber er spürte, wie seine Entschlossenheit schwand. Es war wirklich sehr kalt. Weißer Reif überzog die Grashalme, die Äste und Zweige, das Dach der kleinen Hütte.

„Sie ist schief", beschwerte er sich noch, aber im selben Moment erhob er sich schon und folgte der Katze durch den kleinen Eingang ins Innere der Hütte.

Sie stank nach Menschen und Katzen. Nein! Sie

duftete nach Löwen und Wölfen. Die Katze schob einen Teil der Decke zu ihm hinüber.

„Mach es dir gemütlich", sagte sie. „Du zitterst ja immer noch."

„Ich zittere nicht", verteidigte sich der Mops. „Es ist das Wolfs-blut, das in mir brodelt."

„Also, jetzt übertreibst du", stellte die Katze gnadenlos fest. „Aber egal. Hauptsache, du erkältest dich nicht."

Sie kringelte sich um den Mops herum, so gut es ging.

Der Fluss rauschte. Nebelschwaden waberten über der Wasseroberfläche,

streiften den Ufersand und legten sich um die Stämme der alten Weidenbäume. Sie streckten ihre klammen Finger auch nach der kleinen Hütte aus, aber der Mops-Wolf und die Katzen-Löwin hielten sich gegenseitig warm und schliefen friedlich. Nur zweimal wurde der Mops wach, weil er niesen musste, aber dann schlief er gleich wieder ein.

Jetzt träumte er zum Glück nicht mehr von Menschen, sondern von einem großen Picknick mit Würstchen und Pizza und Keksen und einem riesigen leckeren Wildschweinknochen.

10.

Frau van Bömmel und ihre Pipette waren wieder da. Die Dame stand vor der Haustür, hatte die Hände in die Hüften gestemmt und funkelte den Vater an, als wollte sie ihn mit Blicken in einen schwarzen Blutegel verwandeln.

„Was kann ich für Sie tun?", fragte der Vater vorsichtig.

Janne und Flip stellten sich links und rechts von ihm hin. P.F.O.T.E. schlüpfte zwischen ihren Beinen hindurch und begrüßte Pipette. Leider konnte er nicht mit ihr spielen, weil sie auf dem Arm ihres Frauchens lag.

„Komm doch da runter!", rief er. „Vielleicht spielt Flip mit uns Bällchen!"

Aber Pipette traute sich nicht.

„Was haben Sie mit ihr gemacht?", fauchte die Frau.

„Was ist denn passiert?" Der Vater versuchte, ganz ruhig zu sprechen, aber er blinzelte nervös.

„Sie haben sie verhext!"

Der Vater sah nach links und rechts. Offenbar gefiel es ihm

nicht, dass die Nachbarn alles mithören konnten. „Wollen Sie nicht eintreten?", fragte er leise.

Aber Frau van Bömmel kam keinen Zentimeter näher. „Ich weiß nicht, was für dämonische Tricks Sie anwenden – wie

Sie wissen konnten, dass sich mein kleines Mädchen hier an meinem Parfum stört."

„Es hat also geklappt?", rief der Vater erfreut. „Natürlich – Pipette sitzt ja auf Ihrem Arm." Er räusperte sich und wurde wieder ernst. „Und wo genau liegt jetzt das Problem?"

„Es geht nicht mit rechten Dingen zu!", sagte Frau van Bömmel drohend. „So etwas kann man nicht wissen! Es ist schwarze Magie. Ich werde Sie anzeigen!"

„Aber alles, was wir tun, basiert auf rein wissenschaftlichen Erkenntnissen", verteidigte sich der Vater.

„Warum machen Sie dann ein Geheimnis darum?", fragte Frau van Bömmel. „Warum durfte ich nicht mitkommen und zusehen?"

„Das ist … nun ja, Berufsgeheimnis", sagte der Vater. „Wissenschaftliches Berufsgeheimnis. Aber ich freue mich, dass ich Ihnen helfen konnte." Er versuchte, die Tür zu schließen, aber Frau van Bömmel stellte einen Fuß dazwischen.

„Ich weiß nicht, wie ich Ihnen meine Pipette jemals anvertrauen konnte", flüsterte sie drohend. „Mich so zu beleidigen! Gerade so, als würde ich stinken!"

„Na ja, für Hunde ist es eben …", fing der Vater an, aber Pipettes Frauchen winkte wütend ab. Dabei rutschte ihr Pipette aus den Armen und plumpste auf den Boden.

Sofort rannte das rosa Hundewesen zu P.F.O.T.E. hinüber. „Danke", bellte sie hastig. „Mein Frauchen stinkt jetzt überhaupt nicht mehr."

„Freut mich", sagte P.F.O.T.E. „Spielen wir jetzt?"

Aber da hatte eine wabbelig weiße Hand Pipette bereits wieder geschnappt und hochgehoben.

„Wir sehen uns noch", sagte Frau van Bömmel. Dann stolzierte sie davon.

„Blöde Kuh", sagte Flip laut.

„Pssst!", machte der Vater, aber Frau van Bömmel hatte nichts gehört.

„Ich glaube, Pipette ist ganz nett", sagte P.F.O.T.E. „Für die rosa Schleifchen kann sie ja nichts. Ich glaube, sie hätte ganz gerne noch ein bisschen mit mir gespielt. Schade." Er setzte sich hin und sah den beiden nach.

„Die ist aber undankbar!", stellte Flip fest.

„Es macht nichts, wenn die Polizei kommt", sagte Janne tröstend zu ihrem Vater „Wir verlangen ja nur Sahnekuchen."

„Und die Frau hat gar nicht bezahlt", beschwerte sich Flip. „Vielleicht kommt sie ins Gefängnis."

„Na ja." Der Vater sah nicht so glücklich aus. „Ich weiß nicht, welche Fragen die Polizisten stellen. Das Halsband ist ja geheim und wir dürfen es nur ausnahmsweise benutzen."

„Wir sagen gar nichts von dem Halsband", schlug P.F.O.T.E. schnell vor. „Wir sagen einfach, es ist Plüschologie. Hundeplüschlologie." Er sah sich um. „Ich würde auch ohne Pipette gerne ein bisschen spielen", gab er zu. „Vielleicht hat jemand Lust, mir mal kurz das Bällchen zu werfen?"

„Das kriegen wir hin", sagte Janne.

Flip wollte auch mitkommen. Zu dritt machten sie sich auf den Weg zu ihrer Lieblingsbällchenwiese. Es war ein Stück Wiese mit alten Kirschbäumen, um die sich niemand mehr kümmerte. Gras und Kräuter wuchsen, wie es ihnen gefiel, und der Boden war von Kaninchenbauten durchsiebt. Den Kaninchenduft liebte P.F.O.T.E. sehr, andererseits fürchtete er ständig, sein Bällchen könne in einem Kaninchenbau unter der Erde verschwinden. Das machte das Spiel ganz besonders spannend.

11.

Janne hatte fest damit gerechnet, dass Vader und Anakin wieder auftauchen würden, und sie sollte recht behalten. Am späten Montagnachmittag standen die beiden wieder vor dem Haus. Vader knurrte Janne und Flip an und fletschte die Zähne. „Braver Hund." Anakin tätschelte seinen Rücken. Er sah Janne entschuldigend an. „Ich muss ihn so erziehen. Er soll ja gefährlich aussehen."

„Hm", machte Janne. Ihr war der fletschende Hund nicht geheuer. „Und er beißt wirklich nicht?"

„Er denkt gar nicht dran. Du kannst ihn einfach streicheln", sagte Anakin.

Janne streckte vorsichtig die Hand aus und legte sie auf Vaders Kopf.

Sofort verstummte das Knurren, Vaders Schwanz schlug wie eine Peitsche hin und her, und der riesige Hund reichte Janne die Vordertatze.

„Wahnsinn", sagte Janne beeindruckt.

„Aber mach das nie bei einem anderen Hund!", warnte Anakin. „Andere Hunde beißen vielleicht wirklich!"

„Wo ist P.F.O.T.E.?", fragte Flip.

Sie sahen im Wäschekorb nach, unter dem Bett, hinter der Mülltonne, und schließlich fanden sie ihn in einem großen Koffer, der im Keller stand.

„Komm raus", bat Flip. „Vader ist ganz lieb."

„Das ist gut. Er kann ja auch lieb sein, wenn ich hier bleibe", erklärte P.F.O.T.E. „Ich leihe ihm gerne mein Halsband."

„Das geht nicht", stellte Janne fest. „Du musst dabei sein."

„Ich muss gar nichts", widersprach P.F.O.T.E. gekränkt. „Ich bin ein freier Hund und wohne nur ganz zufällig und freiwillig in diesem Haus und ich muss nicht an der Leine gehen und könnte genauso gut wie Tapf Eins einfach an den Fluss ziehen und ein Wolf werden ..."

Janne unterbrach ihn. „Ich verspreche dir, dass nichts passiert."

„Na gut." P.F.O.T.E. sprang aus dem Schrank. Er folgte den Kindern die Kellertreppe hinauf, wollte Vader aber nicht begrüßen. Lieber bog er gleich in die Küche ab, denn in der Nähe des Kühlschranks fühlte er sich sicherer.

Anakin schaltete den Fernseher an und legte die Füße hoch. Der Vater führte Vader in die Küche und schloss die Tür hinter sich.

„Puh", sagte er. „Dann versuchen wir unser Glück."

Er nahm P.F.O.T.E. das Halsband ab und legte es Vader um.

„Leute, ich finde euch alle total nett", sagte Vader sofort. „Nur für den Fall, dass ihr denkt, ich hab was gegen euch. Ich meine, könnte ja sein, dass ihr etwas falsch versteht."

„Ja, das könnte allerdings sein", stimmte der Vater zu. Er schüttelte den Kopf. „Warum bist du denn manchmal so böse?"

„Weil ich doch ein ganz lieber Hund bin", erklärte Vader sehr stolz.

„Aber böse sein ist doch nicht lieb!", rief Flip.

Vader sah sich nach ihm um und runzelte die Stirn. „Ein Hund", fing er an, „ist genau dann lieb, wenn er tut, was sein Herrchen von ihm verlangt. Also bin ich lieb, wenn ich böse bin, weil Anakin genau das von mir wünscht."

„Aber manchmal bist du doch wirklich ganz lieb", wandte Janne ein.

Vader senkte den Kopf. „Ja", flüsterte er. „Manchmal bin ich wirklich ein böser Hund."

„Du bist böse, wenn du lieb bist?", hakte Janne nach.

„Mhm", machte Vader schuldbewusst. „Manchmal kann ich nicht anders. Ich möchte ja immer ein braver Hund sein und das tun, was mein Herrchen von mir verlangt, aber manchmal geht es einfach mit mir durch, und dann kann ich nicht

anders. Dann muss ich einfach Pfötchen geben oder Wedeln."
Er seufzte tief. „Vielleicht könntet ihr mir einen Tipp geben,
was ich tun soll, damit mir das nicht mehr passiert?", fragte er
hoffnungsvoll.

Janne setzte sich auf einen Stuhl und P.F.O.T.E. sprang schnell
auf ihren Schoß. Sie legte ihre Arme um ihn.

„Ich glaube", sagte sie, „ich habe es verstanden."

„Ich hab gleich gesagt, er ist lieb", murmelte Flip. Er legte seine
Arme um Vader. Papas Hand zuckte nach vorne, als wolle er
Flip zurückreißen, aber dann wurde ihm klar, dass Vader Flip
nichts tun würde.

Er holte tief Luft. „Also. Anakin will, dass du ein böser Hund bist."

„Nein. Er will, dass ich ein lieber Hund bin."

„Ja. Gut. Und lieb bist du seiner Meinung nach, wenn du böse bist. Wenn du knurrst und die Zähne fletschst."

„Genau!", bestätigte Vader glücklich.

„Aber manchmal machst du das nicht. Weil du eigentlich gar nicht böse sein willst."

„Genau!" Jetzt ließ Vader den Kopf hängen. „Ich will lieb sein und tun, was mein Herrchen will. Und ich will eigentlich zu allen Leuten nett sein, aber das ist böse."

„Und dann weißt du gar nicht mehr, was du tun sollst, und dann wird dir schwindlig und du fällst um?" Papa beugte sich vor und sah Vader in die blutunterlaufenen Augen.

„Genau", flüsterte Vader. „Leider. Es ist sehr peinlich."

Der Vater richtete sich wieder auf. „Na, dann wissen wir jetzt Bescheid", sagte er. „Er ist vollkommen durcheinander."

„Dann räumen wir ihn einfach wieder auf", versprach Flip. „Es ist ein bisschen wie bei Tapf Eins. Der tut auch immer nur so, als wäre er unfreundlich."

P.F.O.T.E., der sein Halsband nicht trug, verstand natürlich überhaupt nichts mehr, außer dass Flip diesen riesigen Monsterhund im Arm hielt, und das gefiel ihm gar nicht.

„Was willst du selbst denn?", fragte Flip.

Der große Hund sah ihn erstaunt an. „Wieso? Ich soll doch nicht wollen. Ich muss gehorchen. Gehorsam sein. Nur Menschen können wollen. Hunde gehorchen einfach."

„Mir wird schwindlig", murmelte der Vater. „Wenn das so weitergeht, dann liege ich selbst gleich auf dem Rücken und strecke alle viere von mir."

Flip sah ihn erschrocken an, aber dann stellte er beruhigt fest, dass der Vater es nicht ernst gemeint hatte.

„Pass mal auf, Vader", sagte Janne ernst. „Du musst nicht gehorchen, wenn du etwas tun sollst, was du nicht richtig findest. Kein Mensch kann dir befehlen, ein böser Hund zu sein. Kein Mensch darf einem etwas befehlen, was nicht richtig ist."

„Doch", widersprach Vader geknickt. „Er kann. Wenn er nämlich ein Herrchen oder ein Frauchen ist."

„Aber das ist nicht in Ordnung!", rief Flip. „Du darfst ein lieber Hund sein."

„Ihr versteht das nicht", sagte Vader geduldig. „Anakin meint es ja nicht böse. Er ist klein und schwach und braucht jemanden, der auf ihn aufpasst. Der Jemand bin ich. Aber keiner hat Angst vor mir, wenn ich kein böser ... also lieber ... also gehorsamer, deswegen böser, nein, lieber ..." Schon verdrehte er wieder die Augen.

Der Vater klatschte in die Hände und Vader kam wieder zu sich. Dann riss er die Augen auf: „Meint ihr denn, ihr könnt mir helfen, immer schön böse zu sein?"

Aber da schüttelten alle drei Menschen den Kopf und P.F.O.T.E. drängte sich eng an Janne.

„Ganz bestimmt nicht", sagte der Vater. „Ich verstehe ja, dass du Anakin helfen willst, aber du solltest trotzdem nicht so gefährlich wirken. Womöglich nimmt dich jemand Anakin weg und bringt dich ins Tierheim."

„Was?"

„Na ja … das passiert mit gefährlichen Hunden", sagte der Vater achselzuckend. „Das müsste Anakin eigentlich wissen." Da legte sich Vader flach auf den Boden, presste die Schnauze auf die Vorderpfoten, ließ die Ohren hängen und winselte jämmerlich: „Nicht ins Tierheim! Nicht ins Tierheim!"

„Wir werden es Anakin sagen", versprach Janne. „Wir sagen ihm, dass du von jetzt an ein lieber Hund sein darfst. Also, dass du lieb bist, wenn du lieb bist." Sie seufzte.

„Aber was ist mit den bösen Jungs?", fragte Vader.

„Keine Ahnung", gab der Vater zu. „Aber es wird sich schon eine Lösung finden."

12.

Anakin hatte die Füße vom Tisch genommen, den Fernseher ausgeschaltet und sich ruhig angehört, was Flip, Janne und der Vater ihm über seinen Hund erzählten. Manchmal hatte er ihn angeschaut. Vader saß da mit hängendem Kopf und traurigen Augen. Natürlich war Anakin jetzt enttäuscht von ihm, das spürte er genau.

„Vielleicht will er mich gar nicht mehr haben", winselte er P.F.O.T.E. zu.

„Dann ziehst du an den Fluss", flüsterte P.F.O.T.E. zurück.

„Wildschweine jagen. Wie mein Freund, der Wolf. Der braucht sowieso noch eine richtige Meute."

„Ich habe Angst vor Wölfen", gestand Vader.

„Tapf Eins ist nur ...", fing P.F.O.T.E an, aber dann verstummte er, denn Anakin hatte sich vor Vader aufgebaut und betrachtete ihn streng.

„Sei lieb!", befahl Anakin.

Vader sprang auf und sträubte sein Nackenfell. Aber dann besann er sich und wedelte freundlich mit dem Schwanz. Dabei sah er die Kinder an. Die nickten anerkennend.

„Ihr habt ihn ganz verdorben!", rief Anakin wütend. Vader zog den Schwanz ein.

„Böse Hunde müssen ins Tierheim", sagte Flip streng. „Und dann kriegst du Vader nie wieder zurück, und er sitzt sein ganzes Leben im Gefängnis, nur wegen dir."

„Was?" Anakin starrte erst Flip, dann Papa an.

„Damit musst du rechnen", sagte Papa. „Gefährliche Hunde sind nicht erlaubt."

Anakin ließ sich in den Sessel sinken. Er spielte mit der Hundeleine herum und starrte vor sich hin. „Aber ich brauche einen Hund, der mich beschützt", murmelte er.

„Wir überlegen uns etwas anderes", tröstete ihn der Vater, aber er sah nicht wirklich so aus, als hätte er jeden Moment eine zündende Idee. Er klopfte Anakin auf die Schulter. „Was haben sie denn überhaupt gegen dich, diese Typen? Du scheinst mir doch ganz in Ordnung zu sein."

„Die haben gegen jeden was, der schwächer ist als sie", murmelte Anakin.

In diesem Moment klopfte jemand gegen das Fenster.

Das war merkwürdig, denn das Fenster führte in den Garten, genau dahin, wo die Regentonne stand. Eigentlich konnte sich niemand unter dieses Fenster stellen und dagegen klopfen. Das konnte nur jemand tun, der auf die Regentonne geklettert war. Und es war rätselhaft, warum jemand auf die Regentonne klettern sollte, anstatt ganz normal an der Tür zu klingeln.

Es sei denn, dieser Jemand war eine Katze, die mit allen vieren gegen die Scheibe sprang.

„Die Katze!" Flip raste zum Fenster und riss es auf.

Mit einem eleganten Sprung landete die Katze auf dem Teppich … direkt vor Vaders Nase. Sie blieb vollkommen erstarrt stehen. Nicht einmal einen Buckel konnte sie machen, so erschrocken war sie.

Vader zögerte einen Moment lang, warf einen entschuldigenden Seitenblick auf Anakin, dann fing er entschlossen an, mit dem Schwanz zu wedeln. So entschlossen, dass er ein Glas und eine Blumenvase vom Tisch fegte. Janne konnte beides gerade noch auffangen.

Flip nahm die Katze auf den Arm. „Der tut dir nichts", sagte er zu ihr. „Der ist lieb."

Aber die Katze starrte immer noch den riesigen Hund an, der ganz so aussah, als könne er sie mit einem Haps verschlingen.

„Das ist ja schön, dass du kommst!" P.F.O.T.E. hüpfte glücklich um Flips Füße herum. „Jetzt sind wir schon zu dritt und können spielen!"

Die Katze schien aus ihrer Betäubung aufzuwachen. Sie sträubte das Fell und tief aus ihrer Kehle drang ein beinahe melodisches, drohendes Jaulen. Vader legte sich flach hin und legte den Kopf auf die Pfoten. „Ich bin lieb", murmelte er dabei. „Ich bin jetzt einfach mal böse und bin lieb. Ich darf das."

„Wer ist das?", fauchte die Katze.

„Der ist in Ordnung", beruhigte sie P.F.O.T.E. „Nur ein bisschen durcheinander."

„Er ist zu groß", knurrte die Katze. „Viel zu groß. Hat ihm das schon mal jemand gesagt?"

„Ich kann doch nichts dafür", winselte Vader.

Die Katze starrte ihn noch einige Momente lang an, dann schüttelte sie sich. „Ich bin eigentlich nur wegen deinem Freund hier", sagte sie zu P.F.O.T.E. „Tapf Eins. Dem geht es nicht gut. Er ist krank."

„Tapf Eins ist krank?", rief P.F.O.T.E. erschrocken.

Flip ließ vor Schreck beinahe die Katze fallen. „Was ist mit ihm?"

„Er ist erkältet. Sehr erkältet. Er schnieft die ganze Zeit. Es liegt sicher auch an seiner komischen Nase. Mit so einer platten Nase bekommt man wahrscheinlich ganz schnell Schnupfen. Tapf Eins fühlt sich bestimmt sehr schlecht, aber ihr kennt ihn ja, er beklagt sich nicht. Dabei niest er und hustet und schnarcht. Ich kann gar nicht mehr in Ruhe schlafen."

„Aber er hat doch ein gemütliches Häuschen!", rief P.F.O.T.E.

„Ja. Danke übrigens", sagte die Katze. „Das ist eine große Hilfe. Aber tagsüber ist er draußen und sucht Futter. Und dabei friert er und wird nass. Sein Fell ist einfach viel zu dünn."

P.F.O.T.E. übersetzte für die Kinder.

„Er braucht einen Mantel!", stellte Flip fest. „Können wir ihm einen Mantel kaufen?"

Der Vater seufzte. „Ich weiß ja nicht, was so ein Ding kostet."

„Wir haben noch Taschengeld", sagte Janne. „Können wir ihm ein Mäntelchen kaufen? Bitte!"

Der Vater stöhnte. „Eigentlich wollte ich ja nie einen Hund", beschwerte er sich. „Und jetzt gibt es in meinem Leben nur noch Hunde. Frierende Hunde, ängstliche Hunde, böse Hunde, durchgeknallte Hunde, liebe Hunde, komische Hunde."

„Und mich auch noch", ergänzte P.F.O.T.E. stolz.

Die Katze sprang von Flips Arm. Flip rannte in die Küche und holte ein Stück Wurst aus dem Kühlschrank, das er der Katze anbot. Sie verspeiste es, leckte die letzten Krümel vom Küchenboden und strich Flip schnurrend um die Beine. Dann

sprang sie mit einem Satz aufs Fensterbrett und sah ins Freie. Hier im Haus war es schön warm, aber sie fühlte sich trotzdem nicht wohl. Vielleicht war sie ja nicht wirklich eine Löwin, aber eine Hauskatze war sie auch nicht. Zu viele Wände machten sie nervös.

Flip rannte in den Flur und zog seine Jacke an.

„Jetzt sofort?", fragte der Vater müde.

„Klar! Er friert! Er ist krank! Vielleicht kriegt er die Windpocken!"

„Windpocken bekommt man doch nicht von einer Erkältung", stellte der Vater fest.

„Aber vom Wind doch. Können wir jetzt fahren?"

Der Vater gab auf und suchte den Autoschlüssel. Anakin nahm Vader an die Leine und verabschiedete sich. Er wirkte so niedergeschlagen, dass der Vater ihm noch einmal freundlich die Hand auf die Schulter legte.

„Wir lassen dich nicht im Stich", versprach er. „Jetzt müssen wir erst mal unseren Mops warm einpacken, dann überlegen wir uns, wie wir dir helfen können."

„Schon okay", murmelte Anakin und zog Vader aus der Tür.

Die Katze wollte nicht im Auto mitfahren. Sie huschte durch die Gärten davon, kroch unter Hecken entlang, setzte über Mauern und Zäune. Sie hatte es sehr eilig, wieder in ihr gewohntes Revier am Fluss zurückzukommen, denn dort fuhren keine Autos, und Hunde wie Vader, also viel zu große Hunde, sah man dort von Weitem.

Sie als Katze kostete es große Überwindung, ihr Revier zu verlassen, durch die Stadt zu streifen und ein Haus zu betreten.

Aber sie machte sich wirklich große Sorgen um den Mops. Denn der war ihr inzwischen mehr ans Herz gewachsen, als sie zugegeben hätte.

13.

„Wir sehen uns am besten auf dem Flohmarkt nach einer Jacke für Tapf Eins um", verkündete der Vater.

„Super!", rief Janne, und Flip stimmte ein: „Jaaaa!" Die Kinder liebten Flohmärkte.

„Was?", rief P.F.O.T.E. entsetzt. „Wieso Flöhe? Muss es denn ein Mäntelchen sein, in dem schon Flöhe wohnen? Die kommen doch dann von allein!" Wenn er nur von den Plagegeistern redete, musste er sich schon kratzen.

„Da sind doch keine Flöhe auf dem Markt!" Flip lachte.

„Warum heißt er dann so?" P.F.O.T.E. war misstrauisch. „Auf dem Gemüsemarkt kauft ihr Gemüse, auf dem Fischmarkt Fische ..."

„Auf dem Jahrmarkt kaufen wir Jahr und im Supermarkt kaufen wir Super", ergänzte der Vater vergnügt.

„Eben. Und deswegen kauft man auf dem Flohmarkt Flöhe." Janne schüttelte den Kopf. „Nein. Da kauft man Dinge, die nicht neu sind."

„Eben. Flöhe mögen Dinge, die nicht neu sind. Aber Hunde mögen sie am allerliebsten. Alte und neue Hunde, ganz egal. Ich glaube, ich bleibe im Auto."

„Nein, komm mit. Du musst aussuchen helfen."

Der Vater stellte das Auto auf dem großen Schotterplatz neben dem Flohmarkt ab. Auf dem Platz hatten sich durch den Regen viele kleine und große Pfützen gebildet, und es dauerte eine ganze Weile, bis Flip und P.F.O.T.E. in jede einzelne hineingesprungen waren. Danach hatte P.F.O.T.E. die Flöhe ganz vergessen.

„Und jetzt bist du still", befahl Janne. „Damit keiner merkt, dass du sprechen kannst. Oder soll ich dir lieber das Halsband abnehmen?"

„Nein", flüsterte P.F.O.T.E. „Dann verstehe ich ja nicht mehr, was ihr redet."

„Na gut", sagte Janne. „Dann reiß dich zusammen."

Oje, wie schwer fiel es P.F.O.T.E., bei seinem Rundgang über den Flohmarkt nicht loszuplappern! Da waren ja so viele aufregende Gerüche, dass einem schwindlig werden konnte, Gerüche aus tausend Häusern von tausend Menschen und Tieren. Es gab so viele wunderbare Sachen: Plüschtiere und alte Schuhe, auf denen man herumkauen konnte, Wurfbällchen, wundersame Maschinen, Hüte, Fahrräder, Spiele und

Bücher, Geschirr und sogar einen Porzellanhund, so groß wie Vader und mit ähnlich bedrohlichem Gesichtsausdruck. Der Vater blieb von Zeit zu Zeit stehen und zog ein Buch aus einer Kiste, eins kaufte er sogar. Aber ein Hundemäntelchen verkaufte keiner.

Doch dann entdeckten sie das Wolfsfell.

Es war natürlich kein echtes Wolfsfell, sondern eine Herrenweste aus einem wolligen, fransigen grauen Plüschstoff, der wie ein Fell aussah.

„Die ist richtig!", schrie Flip sofort.

„Aber es ist keine Hundejacke!", wandte der Vater ein.

„Lassen Sie sie doch ändern", schlug der Verkäufer schnell vor. „Kein Problem."

„Sie ist aber für einen kleinen Hund."

„Umso besser!", rief der Verkäufer.

„Dann können Sie gleich mehrere Jacken daraus machen!"

„Ich kann gar nicht", sagte der Vater. „Ich bin doch kein Schneider."

„Aber Herr Schlatzky kann", sagte Janne.

Herr Schlatzky war der

Schneider, der in seinem kleinen Atelier neben der Apotheke
Ärmel kürzte, Reißverschlüsse austauschte und kleine Risse in
Hosen und Blusen reparierte. Herr Schlatzky verlangte dafür
nicht viel Geld. Hauptsache, man blieb eine Weile in seinem
Laden stehen und hörte ihm zu, wenn er von seinen Angel-
touren in Norwegen erzählte.

„Ich weiß nicht", murmelte der Vater.

„Die Jacke ist einmalig!", rief der Verkäufer. „So eine finden Sie

auf dem ganzen Flohmarkt nicht noch mal." Er hielt ihnen den Wolfspelz hin. „Fünf Euro, das ist ein Schnäppchen!"

„Ich habe fünf Euro!", rief Flip stolz.

„Ich zahle die Hälfte", bot Janne an.

Der Vater sah P.F.O.T.E. an. Der wedelte wie wild mit dem Schwanz. Es gab keine bessere Jacke für einen Wolf-Mops wie Tapf Eins.

„Na gut."

Flip und Janne gruben ihr Geld aus ihren Hosentaschen.

Glücklich trugen sie die Jacke in Richtung Parkplatz. Dabei blieben sie natürlich immer wieder stehen und sahen sich die angebotenen Dinge an.

„Billig!", rief Flip bei allem, was ihm gefiel, und manchmal warf er einen hoffnungsvollen Blick auf seinen Vater. Aber der schüttelte immer nur den Kopf. Sie hatten kein Geld übrig, das wusste Flip. Er bückte sich und nahm einen kleinen Plüschaffen mit ganz langen Armen in die Hand. „Süüüüüüß", schwärmte er.

„Kannste haben", sagte der Verkäufer.

Flip blinzelte verblüfft. Erst jetzt erkannte er den Jungen, der in eine dicke Jacke gepackt auf einem Camping-Klappstuhl saß.

„Anakin!", rief er. Die anderen wurden aufmerksam. P.F.O.T.E.

sah sich nach allen Seiten um, aber Vader schien nicht da zu sein.

„Jetzt nimm ihn schon", sagte Anakin. „Ich hab euch ja noch keinen Kuchen gekauft."

„Kommt nicht infrage", sagte Papa streng. „Wir nehmen dir doch nicht deine Sachen ab."

„Es kauft sowieso keiner was", sagte Anakin.

„Vielleicht, weil du so böse kuckst", meinte Flip. Janne stieß ihn in die Seite. „Stimmt doch", knurrte er.

Anakin war nicht beleidigt. Er zuckte nur mit den Achseln.

Janne und Flip nahmen alles in Augenschein, was Anakin auf seiner Decke ausgebreitet hatte. Es war nicht viel: ein paar alte Spielsachen, Bücher und CDs, gebrauchte T-Shirts und Sportschuhe und etwas altes Geschirr.

„Wo hast du die Sachen her?", fragte Janne.

„Es sind fast alles meine eigenen Sachen", sagte er. „Manches finde ich auf dem Sperrmüll und ein paar Sachen stammen aus dem Keller von meiner Oma."

„Und was machst du mit dem Geld?", fragte Papa.

„Ich muss Vader füttern", murmelte Anakin. „Er frisst ganz schön viel. Wenn ich kein Geld verdiene, kann ich ihn nicht behalten. Meine Mutter verdient nicht genug für uns alle. Ich habe ja noch vier kleine Geschwister."

Papa runzelte die Stirn, sah sich Anakins Auslage an und stieß einen überraschten Schrei aus. Er bückte sich und hob ein Buch auf. „Na, das ist jetzt aber ein Zufall! Nach diesem Band habe ich schon lange gesucht!" Er wedelte mit dem Buch. „Kann ich das haben? Ich gebe dir fünf Euro dafür."

„Das ist zu viel", sagte Anakin schnell.

„Unsinn." Papa kramte in seiner Jackentasche. Flip beobachtete erstaunt, wie er Anakin drei Münzen in die Hand legte.

„Dürfen Flip und ich Anakin beim Verkaufen helfen?", fragte Janne.

Der Vater zögerte.

„Bitte", sagte Janne. „Ich hab ja ein Telefon und rufe dich an, wenn wir nach Hause wollen. Und P.F.O.T.E. ist auch da und passt auf uns auf."

„Na ja, warum eigentlich nicht?" Der Vater steckte das Buch in die Manteltasche. „Meldet euch und ich hole euch wieder ab."

P.F.O.T.E. hätte gerne mit dem Plüschaffen gespielt, aber die

Kinder ließen ihn nicht, weil man den Affen angeblich sonst nicht mehr verkaufen konnte. P.F.O.T.E. fand das ein bisschen pingelig. Würde sich wirklich jemand daran stören, wenn so ein kleiner Affe ein winzig kleines bisschen durchgekaut war? Menschen waren wirklich sehr kleinliche Wesen.

Sobald Janne und Flip am Stand mithalfen, blieben viel mehr Menschen stehen, fragten nach den Preisen der einzelnen Waren und gaben manchmal sogar ein bisschen mehr, als sie verlangten. Die Kinder händigten alles, was sie einnahmen, sofort Anakin aus. Der sah jetzt gar nicht mehr so mürrisch aus. Zum ersten Mal war zu ahnen, dass er vielleicht auch lächeln konnte.

Als der Markt zu Ende ging, tauchte Papa wieder auf. Anakin schenkte Flip den Affen, den glücklicherweise niemand gekauft hatte, und Janne bekam einen kleinen, mit Blumen bemalten Porzellanesel aus dem Keller von Anakins Oma.

Ein kalter Windstoß fegte über den Platz, wehte letzte Blätter von den Bäumen, trug ein paar Preisschilder davon und kippte ein liederlich abgestelltes, rostiges Fahrrad um. Die Verkäufer klappten die Kragen ihrer Mäntel hoch und stopften die Hände in die Taschen. P.F.O.T.E. taten sie sehr leid. Sie hatten wohl den ganzen Tag hinter ihren Waren gestanden und durften in dieser Zeit in keine einzige Pfütze springen.

„Friert Vader nicht auch?", fragte Flip, als sie wieder im Auto saßen. „Er hat auch ein dünnes Fell."

„Nein!", rief der Vater schnell. „Das fehlte noch … ein Mantel für dieses Riesenvieh! Das könnten wir uns wirklich nicht leisten."

„Er wohnt doch in einem geheizten Haus", sagte Janne beruhigend. „Nicht am Fluss. Er braucht keinen Mantel."

Herr Schlatzky gab zu, dass er noch nie einen Mantel für einen Mops angefertigt hatte. Aber seine Großtante hatte einmal einen Mops besessen, und er konnte sich in etwa vorstellen, wie das fertige Modell aussehen musste.

„Der Mops friert", sagte Flip ernst. „Es ist dringend."

„Übermorgen ist der Mantel fertig!", versprach Herr Schlatzky. Und dann zeigte er Janne, Flip und dem Vater auf seinem Handy viele Fotos vom größten Lachs, den er in diesem Sommer in Norwegen gefangen hatte.

14.

Tapf Eins sah wirklich nicht gesund aus.

Flip und Janne erschraken, als sie ihn vor der Hütte sitzen sahen. Flip sprang aus dem Auto und rannte mit der Dose Hundefutter, die er extra für den Mops eingepackt hatte, zu ihm.

Der Mops starrte ihn an, als würde er eine Weile brauchen, um ihn zu erkennen. Er ließ den Kopf hängen, seine Augen glänzten fiebrig, und er zitterte am ganzen Leib. Als Flip den Deckel der Dose abzog, wurde er jedoch gleich ein bisschen munterer.

„Ich fresse doch nichts, was aus Dosen kommt", sagte er zwar vorwurfsvoll zu P.F.O.T.E., der schwanzwedelnd vor ihm stand. „Ich bin schließlich kein Haushund." Aber er konnte nicht verhindern, dass er vor Gier nach dem Futter zu sabbern begann. Er leckte sich die Schnauze und wartete ungeduldig, bis Janne den Inhalt der Dose mit dem Löffel auf einen Stein gekratzt hatte.

„Eigentlich bin ich gar nicht hungrig", betonte er. „Mein letztes Wildschwein ..." Aber er führte den Satz nicht einmal zu Ende, sondern nieste dreimal und stürzte sich dann auf das Futter.

„Na, Appetit hat er", sagte die Mutter erleichtert. „Dann kann es nicht so schlimm sein."

„Wir haben noch was für dich", rief P.F.O.T.E. fröhlich.

„Ich brauche nichts", schmatzte der Mops, ohne aufzusehen.

P.F.O.T.E. ließ sich nicht beirren. „Nämlich einen Mantel. Damit du nicht frierst."

Jetzt erstarrte der Mops. Ganz langsam hob er den Kopf und sah P.F.O.T.E. an. „Wie bitte?"

„Du frierst doch", sagte P.F.O.T.E. „Und deswegen ..."

Der Mops wich zurück. „Einen Mantel? Bist du jetzt völlig verrückt geworden? Hast du das letzte Fünkchen Wolfs-Ehre verkauft?"

„Aber..." P.F.O.T.E. sah sich Hilfe suchend nach seiner Familie um. Da diese den Mops nicht verstanden, strahlten sie noch immer erwartungsvoll.

„Freut er sich?", fragte Flip.

„Und wie", sagte P.F.O.T.E. „Er kann es gar nicht glauben."

„Dann hole ich das Mäntelchen." Flip rannte zum Auto zurück.

„Sa… sa… sag ihnen", stammelte der Mops, „sag ihnen, dass das nicht geht. Auf gar keinen Fall. Ich bin ein Wolf. Es gibt keinen Wolf im Mäntelchen. Ich bin doch kein … das wäre ja wie …" Ihm fehlten die Worte.

„Warte ab", sagte P.F.O.T.E. „Es wird dir gefallen." Er sah sich nach Flip um, der jetzt angerannt kam und eine Stofftasche schwenkte. Tapf Eins sah so aus, als würde er jeden Moment ohnmächtig werden oder sich in Luft auflösen.

Flip ging in die Hocke und grub in seiner Stofftasche. „Da ist es. Dein Wolfsfell", sagte er und hielt dem Mops seinen Mantel hin.

„Damit du wie ein Wolf aussiehst", übersetzte P.F.O.T.E.

Der Mops zuckte zurück. „Was ist das?" Zögerlich reckte er den Kopf wieder vor und beschnupperte das Plüschfell. „Ich mag keine Stofftiere", knurrte er. „Ich bin doch kein alberner Welpe mehr."

Flip klappte das Mäntelchen auf und zeigte Tapf Eins die Öffnungen für den Kopf und die Vorderbeine. Jetzt verstand der Mops. Aber er stand weiterhin stocksteif da und sagte nichts. In seinen Augen lag jetzt immerhin ein gewisses Funkeln. Alle sahen ihn abwartend an.

„Probier es wenigstens", bat P.F.O.T.E. „Die Kinder wollten dir ein schönes Geschenk machen."

„Kinder", knurrte Tapf Eins abfällig, aber er musterte das Fell
ein bisschen genauer. „Es hat eine gewisse Ähnlichkeit mit
einem Wolfspelz, das muss ich zugeben."

„Ich zieh's ihm an", sagte Flip, und ohne zu zögern, stülpte
er Tapf Eins den Mantel über den Kopf, hob den kleinen
Hund furchtlos hoch und steckte seine krummen Vorderbeine
nacheinander durch die Öffnungen. Tapf Eins war vor Überraschung wie gelähmt. Er knurrte nicht, er schnappte nicht,

auch nicht, als Flip ihm den Gurt um den Bauch legte und vorsichtig anzog.

Der Mops von Herrn Schlatzkys Tante schien etwas größer und dicker gewesen zu sein als Tapf Eins, denn der Mantel hing hinten ein bisschen über und schlackerte auch um die Vorderbeine. Flip stand wieder auf und betrachtete Tapf Eins voller Stolz.

„Sag ihm, dass er jetzt fast genau wie ein Wolf aussieht", bat er P.F.O.T.E.

P.F.O.T.E. tat das. Tapf Eins rührte sich immer noch nicht.

Die Mutter machte mit dem Handy ein Foto von Tapf Eins. „Für Herrn Schlatzky", erklärte sie. „Er soll wissen, dass sein Werk gut angekommen ist."

„Und für uns", ergänzte Flip. Er bückte sich wieder und streichelte Tapf Eins über den Kopf. „Jetzt frierst du nicht mehr, oder?"

Der Mops blinzelte.

„Er ist ganz starr vor Freude", sagte P.F.O.T.E.

Tatsächlich sagte der Mops überhaupt nichts mehr. Er stand einfach da wie eingefroren, obwohl ihm – das musste er zugeben – allmählich warm wurde. Flip und Janne holten noch eine flauschige Decke aus dem Auto und stopften sie in die kleine Hütte.

„Und? Wärmt der Mantel?", fragte P.F.O.T.E. freundlich.

Der Mops starrte ihn an. „Sehe ich denn damit wirklich wie ein Wolf aus?"

„Und wie", sagte P.F.O.T.E.

„Das ist also gar kein Hundemantel, sondern ein Wolfsmantel?"

„Genau."

„Ich mache mich nicht lächerlich?"

„Überhaupt nicht."

„Ehrenwort?"

„Ehrenwort."

Der Mops räusperte sich. „Na dann tue ich ihnen den Gefallen eben. Ich will ja nicht undankbar erscheinen. Ihr habt nicht zufällig noch ein bisschen Futter im Auto? Nicht dass ich darauf angewiesen wäre, aber ..."

Die Kinder hatten wirklich noch eine zweite Dose mitgebracht und dazu einen Beutel Trockenfutter, den sie öffneten und für Tapf Eins neben die Hütte stellten, sodass er sich jederzeit bedienen konnte.

Dann liefen Janne und Flip zum Ufer und ließen Steine über den Fluss hüpfen. Die Mutter ging ein Stück spazieren. P.F.O.T.E. erzählte Tapf Eins von Anakin und Vader und den großen Jungs, die ihnen das Leben schwer machten. Der Mops steckte seinen Kopf in die Tüte mit dem Trockenfutter, schmatzte, kaute und hörte zu. Endlich zog er den Kopf wieder hervor und sah P.F.O.T.E. durchdringend an. Ein Futterkrümel klebte auf seiner Nase und ein weiterer über seinem rechten Auge.

„Dieser Vader", sagte er. „Der weiß gar nicht mehr, wer er ist, was? Der hat total vergessen, dass er ein Wolf sein müsste? Das ist auch nur noch so ein abgeschlaffter Jammerlappen, ja?"

„So würde ich es jetzt nicht ausdrücken", sagte P.F.O.T.E. „Er ist einfach ganz nett."

„Sobald ich wieder ganz gesund bin", Tapf Eins kratzte sich unter dem Fellkragen am Hals, „dann komme ich, und wir zeigen es ihnen. Diesen großen Jungs. Vader soll ruhig mal sehen, wie ein richtiger Wolf mit so einer Sache umgeht."

„Toll!", jubelte P.F.O.T.E. „Darf ich auch mitkommen?"

„Klar." Tapf Eins nieste wieder. „Je mehr Hunde wir sind, desto besser."

„Aber wir dürfen nicht beißen", gab P.F.O.T.E. zu bedenken. „Sonst müssen wir ins Tierheim."

„Wölfe kommen nicht ins Tierheim", knurrte der Mops verächtlich. „Außerdem beiße ich nicht. Meinst du denn, ich möchte den widerlichen Geschmack von Menschen im Maul haben? Pfui Teufel." Er schüttelte sich und musste davon wieder kräftig niesen. Dann sah er sich nach der Hütte um: „Ich glaube, ich werde mich mal einen Moment lang hinlegen. Wölfe strengt der Kontakt zu Menschen besonders an, musst du wissen. Es widerstrebt ihrer Natur, sich mit ihnen abzugeben."

„Klar", sagte P.F.O.T.E. „Erhol dich gut."

Er rannte zu den Kindern und sah zu, wie sie Steine hüpfen ließen.

„Soll ich dir den Ball ins Wasser werfen?", fragte Flip.

Aber obwohl sich P.F.O.T.E. normalerweise nichts Schöneres vorstellen konnte als Bällchen werfen, lehnte er heute ab. „Es ist zu kalt", sagte er. „Wenn ich krank werde, müsst ihr für mich auch so einen Wolfspelz kaufen."

„Wir kaufen dir sogar einen Tigerpelz", bot Janne an. „In Rosa."

Und dann warf sie den Ball am Fluss entlang und P.F.O.T.E.

rannte ihm begeistert hinterher. Wie immer bei diesem Spiel vergaß er alles andere. Er war einfach nur froh, ein Hund zu sein.

Die Mutter war wieder am Auto angelangt. „Kommt ihr?", rief sie. „Wir müssen nach Hause. Papa hat gerade eine Nachricht geschickt. Die Polizei ist bei ihm."

„Warum Polizei?", fragte Janne erschrocken. „Ist Anakin etwas passiert?"

„Nein. Frau van Bömmel hat uns angezeigt", sagte Mama. „Ihr wisst schon. Das Parfummonster."

„Aber wir haben ihr doch geholfen!", sagte P.F.O.T.E. erstaunt.

„Es gibt Menschen, die sehr empfindlich sind", sagte Mama. „Ihr habt die Frau beleidigt. Für sie klang es so, als würde sie unerträglich stinken. Auch wenn ihr damit geholfen war." Sie bückte sich nach P.F.O.T.E. „Ich stelle mal dein Halsband stumm, damit du dich nicht einmischst."

„Alles klar", sagte P.F.O.T.E. Er sah sich noch einmal nach der Hütte von Tapf Eins um, aber dort regte sich nichts mehr. Der Mops schien zu schlafen.

15.

Als Mama das Auto vor die Garage lenkte, öffnete sich gerade die Haustür, und zwei Uniformierte erschienen, eine Polizistin und ein Polizist. Sie plauderten fröhlich mit Papa, winkten den Kindern, die mit ängstlichen Mienen aus dem Wagen krabbelten, freundlich zu und sahen insgesamt so aus, als würden sie sogar Bällchen werfen, wenn man sie höflich darum bat.

„Was ist los?", fragte Mama.

„Keine Sorge." Der Polizist legte die rechte Hand kurz an die Mütze. „Gegen Ihren Mann liegt eine Anzeige vor. Er soll einen kleinen Hund verhext haben." Er zwinkerte der Mutter zu. „Wir müssen dem leider nachgehen, auch wenn das noch so lächerlich ist."

„Das verstehe ich." Die Mutter nickte mitfühlend. P.F.O.T.E. staunte, weil sie sich so gut verstellen konnte. Manchmal überraschten ihn Menschen immer noch.

Die Polizistin bückte sich nach P.F.O.T.E. und streichelte seinen Kopf. „Na, Hundchen?"

„Er heißt P.F.O.T.E.", meldete sich Flip, der sich hinter seiner Mutter versteckt hielt.

„Das passt zu ihm", sagte die Frau. „Er hat ja schließlich eine Pfote."

„Sogar vier Pfoten!", rief ihr Kollege.

Beide lachten und Papa lachte ein bisschen mit. Dann wandte die Polizistin sich wieder an Mama. „Eine Hundebesitzerin, die bei Ihnen war, hat sich beschwert, Sie sei hier beleidigt worden."

„Das ist wirklich nur ein Missverständnis", beteuerte Papa. „Es war nur so eine Idee. Wie gesagt, der kleine Hund wollte sich nicht von seinem Frauchen anfassen lassen. Und da sie ein sehr aufdringliches Parfum benutzt hat, habe ich nur eins und eins zusammengezählt. Da ist garantiert keine Hexerei im Spiel. Beleidigen wollte ich die gute Frau bestimmt nicht."

„Verstehe", sagte der Polizist. „Ich bewundere es, wenn Menschen so ein Gespür für Tiere haben wie Sie. Als könnten sie mit ihnen sprechen." Der Vater wurde blass, aber der Polizist lachte nur. „Ich würde gerne mal mit meinem Dackel herkommen, wenn es Ihnen recht ist?", fuhr er fort. „Natürlich privat. Mein Dackel, wie soll ich sagen, er ist so ein kluger Kerl, aber er wird und wird nicht stubenrein. Vielleicht haben Sie eine Idee, wenn Sie ihn sehen …"

„Aber gerne", sagte Papa. „Bringen Sie ihn jederzeit her."
Die beiden Polizisten redeten noch eine Weile über Herbstlaub auf dem Rasen, über Winterreifen und über die schönsten

Urlaubsziele in Griechenland, dann spazierten sie wieder zu ihrem Streifenwagen, winkten noch mal freundlich und fuhren davon.

„Die waren aber nett", sagte Flip. „Vor denen hat ein Verbrecher doch gar keine Angst."

„Könnt ihr mein Halsband jetzt wieder auf laut stellen?", fragte P.F.O.T.E, aber natürlich hörte ihn niemand.

16.

Am nächsten Tag steckten die Kinder ein Schild in den Rasen vor dem Haus.

„Ein Ohr für vier Pfoten – Beratung für Hunde und ihre Besitzer", stand darauf, und auf jede Ecke durfte Pfote einen Tatzenabdruck stempeln. Danach leckte er sich die Farbe von der Pfote und Flip musste über seine blaue Hundezunge lachen.

„Es ist nur ein Versuch", sagte der Vater.

Nur wenige Stunden später klingelte ein graubärtiger Mann mit einer schlanken braunen Hündin an der Tür.

„Sie kennen sich mit Tieren aus?", fragte er misstrauisch.

„Ja. Mit Hunden."

„Was kostet das denn, so eine Beratung?"

„Sahnekuchen. Vier Stücke. Natürlich nur bei Erfolg", erklärte Janne kurz entschlossen. Sie warf ihrem Vater einen fragenden Blick zu, aber er widersprach nicht.

Der Graubart nickte. Der Vater ließ ihn und seinen Hund eintreten und bat ihn ins Zimmer.

Die Hündin schlich mit ihrem Herrn ins Wohnzimmer. Sie hielt den Kopf so tief gesenkt, dass ihre Ohren über den Boden schleiften.

„Was ist denn mit ihr los?", wollte der Vater wissen.

„Mit Laika? Wenn ich das wüsste! Sie will nicht jagen. Eine so teure Jagdhündin! Edelste Rasse! Sie verweigert die Arbeit, legt sich draußen im Wald einfach platt auf den Boden und rührt sich nicht mehr."

Flip streichelte die Hündin. „Ich finde sie nett", sagte er.

„Sie soll nicht nett sein", knurrte der Graubart. „Sie soll arbeiten."

„Wir werden mal sehen, was sich machen lässt", sagte der Vater zögernd.

Janne brachte dem Jäger einen Kaffee und Kekse. Flip schaltete das Radio ein und der Vater führte Laika in die Küche. P.F.O.T.E. hopste hinterher. Es gefiel ihm eigentlich nicht, wenn man ihm das Halsband abnahm und er sich nicht mehr unterhalten konnte, aber helfen wollte er doch gerne.

„Dann sag uns doch, warum du nicht jagen willst", sagte der Vater zu Laika, als er das Halsband festgeschnallt hatte.

Sie schüttelte sich zuerst überrascht, aber dann warf sie ihm und den Kindern einen traurigen Blick zu. „Was würdet ihr denn tun? Möchtet ihr gerne jagen?"

„Nein!", rief Flip. „Mir tun die Tiere leid!"

„Hasen und Rehe schaden doch niemandem", sagte Janne mit fester Stimme. „Ich finde es gemein, sie zu erschießen."

„Und Hasen sind soooo niedlich!", schrie Flip.

„Man muss aber doch … na ja." Der Vater zuckte mit den Schultern. „Vielleicht ist es unvernünftig, aber mir tun sie auch leid", gab er zu.

„Eben", sagte Laika traurig und betrachtete die Krallen ihrer Vordertatzen. Dann hob sie den Kopf. „Ich kann nichts dagegen tun. Wenn so ein Kaninchen vor mir sitzt … oder ein Reh mit seinen großen Augen … einmal habe ich während einer Treibjagd sogar einem Fuchs geholfen … ach, und diese puscheligen Waschbären … aber das mit dem Fuchs dürft ihr meinem Herrchen auf keinen Fall verraten !"

„Es ist doch nicht schlimm", sagte Janne.

„Überhaupt gar nicht", bestätigte Flip.

Laika seufzte. „Doch. Für einen Jagdhund ist das sehr schlimm. Ich darf kein Mitleid haben. Aber was soll ich machen? Wenn ich ein ängstliches Tier sehe, möchte ich es nur trösten und beschützen."

„Schwierig", stellte der Vater fest. „Du würdest auch nicht jagen, um deinem Herrchen einen Gefallen zu tun? Er hat ja immerhin viel Geld für dich ausgegeben."

„Ich kann nicht", sagte Laika schlicht. „Ich kann nicht aus meiner Haut. Ich liebe alle anderen Tiere."

Der Vater kratzte sich am Kopf. „Das ist ein schwieriger Fall", gab er zu. „Ich kann dich gut verstehen und finde nicht, dass du etwas falsch machst. Ich weiß nur nicht, was dein Herrchen dazu sagt."

„Vielleicht könnt ihr es ihm erklären", bat Laika.

Flip ging in die Hocke und streichelte Laika. Wie gut er die Hündin verstehen konnte! Er schielte nach seinem Vater. Nein, es hatte keinen Sinn, den zu fragen, ob er dem Jäger Laika abkaufen würde. Flip wusste genau, dass sie nicht genügend Geld hatten.

„Na, dann wollen wir mal. Ich tue, was ich kann." Der Vater nahm Laika das Halsband ab und ging in den Nebenraum.

Der Jäger traute seinen Ohren nicht, als der Vater berichtete. „Ein Jagdhund, dem die Tiere leidtun? Wie kommen Sie denn auf so einen Unsinn?" Er sprang vom Sessel und sah sich wild um, als suche er seine Flinte.

„Sie dürfen sie nicht erschießen!", schrie Flip, obwohl natürlich gar keine Flinte da war.

Der Jäger drehte sich nach ihm um und starrte ihn verwirrt an. „Was?"

„Laika! Sie ist lieb! Sie dürfen ihr nichts tun!"

Der Jäger schüttelte empört den Kopf. „Bist du verrückt? Ich tue doch meinem Hund nichts an. Schade ums Geld, ja … ein teurer Hund und vollkommen unbrauchbar … aber wofür hältst du mich?" Er sah Laika prüfend an. „Wenn das stimmt", sagte er dann ruhiger, „dann müssen wir uns wohl etwas anderes einfallen lassen."

Was das sein konnte, verriet er nicht. Er erhob sich, nickte dem Vater zu und marschierte mit Laika aus der Tür. Laika hielt den Kopf noch immer gesenkt.

„Sie hat ein schlechtes Gewissen, weil sie so ein gutes Herz hat", stellte Janne fest. „Das ist doch verrückt. Viele Leute, die fies sind, haben gar kein schlechtes Gewissen."

„Vielleicht bringt der Jäger sie ins Tierheim!", jammerte Flip. „Und wir sind schuld."

„Vielleicht ist das gar nicht so schlimm. Es kann ja sein, sie findet dort eine nettere Familie", erklärte der Vater sehr bestimmt. „Eine, die auch Kaninchen und Meerschweinchen und Hamster hält und sich über einen Hund freut, der nicht jagen will."

Sie sahen den beiden nach, als sie die Straße überquerten. Der Jäger öffnete die Klappe seines Pick-ups und Laika sprang hinein.

„Da kommt noch was", sagte Flip. „Ein Wolf!"

Janne und Papa reckten die Hälse.

17.

Ein sehr merkwürdiges Wesen kam die Straße herunterge-
trottet. Es hatte ein schmuddeliges, zottiges graues Fell, sehr
dünne, krumme Beine, und seinen Kopf mit der platten Nase
und den Glupschaugen trug es stolz und hocherhoben. Es sah
wirklich nur ganz entfernt wie ein Wolf aus.

„Tapf Eins!" Flip raste glücklich zur Tür, riss sie auf und breitete
die Arme aus. Aber Tapf Eins begrüßte ihn sehr zurückhal-
tend, wie es sich für einen Wolf gebührte. Er stolzierte durch
die geöffnete Tür, sah sich kurz um und kam dann direkt in
die Küche, die er in bester Erinnerung hatte.

„Bist du wieder gesund?", fragte P.F.O.T.E.

„So eine kleine Erkältung macht mir doch nichts aus", sagte
der Mops. „Ich bin robust und abgehärtet."

Er schüttelte sich und der Fellmantel rutschte ihm dabei ein
bisschen über die Augen. Janne zupfte ihn zurecht. „Der ist
ganz schön dreckig", sagte sie. „Vielleicht sollten wir ihn waschen, wenn Tapf Eins schon mal da ist."

P.F.O.T.E. fragte
bei Tapf Eins
nach, aber der
lehnte entschieden
ab. „Ein Wolf kann
sein Fell schließlich auch
nicht waschen lassen",
sagte er knapp und
kratzte sich ener-
gisch. Der Vater be-

trachtete stumm die Haare und Plüschflusen, die durch die
Küche stoben, und griff wieder nach dem Kehrbesen.

Einen Imbiss wies Tapf Eins nicht zurück. Die Kinder boten
ihm alles an, was sie im Kühlschrank fanden, sogar das letzte
Stück Fleischwurst, auf das der Vater eigentlich gehofft hatte.
„Wurst ist gar nicht gesund für Hunde", knurrte er enttäuscht.
Aber da musste Flip laut lachen. „Er ist doch ein Wolf. Du
lernst das aber gar nie."

„Bitte um Verzeihung", sagte Papa, nahm sich eine Banane
und ging ins Wohnzimmer.

Als Tapf Eins fertig gefressen hatte, setzte er sich hin, leckte
sich die Schnauze und sah P.F.O.T.E. streng an. „Ich habe den
Plan fertig."

„Welchen Plan denn?", fragte P.F.O.T.E. erstaunt.

„Der Plan, wie wir einen einzelnen, schwachen Jungen gegen eine böse, geifernde Meute verteidigen können."

„Du meinst Anakin?" P.F.O.T.E. warf den Kindern einen unsicheren Blick zu. „Ich glaube, wir sollen nicht kämpfen, weil Vader sonst ins Tierheim kommt."

„Wir werden auch nicht kämpfen", grollte Tapf Eins. „Wir verwandeln unsere Schwächen in Stärken. Näheres dazu morgen."

„Was?"

Tapf Eins erhob sich. „Nennt mir alle Hunde, auf die man sich verlassen kann. Die Katze wird sie informieren. Morgen treffen wir uns und greifen an."

„Aber wir sollen doch nicht kämpfen", wandte P.F.O.T.E. noch einmal ein.

Tapf Eins musterte P.F.O.T.E. herablassend. „Überlass das mir. Seid einfach da. Vader muss dabei sein."

Wie der Mops-Wolf da stand, die Beine so gerade durchgestreckt wie nur möglich, mit hocherhobenem Kopf, in seinem zotteligen Wolfsfell, sah er wie ein etwas abgerissener, aber entschlossener Dschungelkämpfer aus. P.F.O.T.E. übersetzte alles für die Kinder. Dann überlegten sie gemeinsam, welche Hunde infrage kamen.

„Ich kann Strubbel fragen", schlug P.F.O.T.E. vor. Strubbel war ein Freund, mit dem er ab und zu im Park spielte. „Und Laika würde vielleicht auch mitmachen."

„Fünf reichen", erklärte Tapf Eins. Er sah sich um, aber es war kein Krümel von seinem Abendessen übrig geblieben. Janne zupfte ihm das Fell noch einmal so zurecht, dass er wieder richtig aus den Augen sehen konnte. Dann verabschiedete er sich und stolzierte in der Dämmerung davon.

„Sollen wir es Papa sagen?", fragte Flip.

Aber Janne schüttelte den Kopf. Sie hatte so eine leise Ahnung, dass der Vater ihr und Flip und P.F.O.T.E. nicht erlauben würde, die Sache mit den Jugendlichen alleine zu regeln. Ihr selbst war auch nicht wohl dabei. Was für einen Plan hatte Tapf Eins?

„Ich weiß auch nichts", sagte P.F.O.T.E. „Aber Tapf Eins ist stark. Er fängt richtige Wildschweine! Und wenn er keines fängt, dann gräbt er ihre Eier aus und hat gar keine Angst vor den Wildschweineltern. Ich glaube, dass er es schafft." Er schielte nach dem Kühlschrank. Das Abendessen des Mops-Wolfs hatte ihm Appetit gemacht. Dann schüttelte er sich. „Ich würde ganz gerne noch in ein paar Pfützen springen", erklärte er. „Wer kommt mit?"

„Ich!", schrie Flip.

„Vielleicht finden wir sogar eine ganz tiefe, in der man sich

145

richtig wälzen kann", sagte P.F.O.T.E. aufgeregt zu Flip, als der sich die Gummistiefel anzog. „Was meinst du?"

„Ja!", schrie Flip. Aber Janne warf ihm einen strengen Blick zu. Die Straßenlaternen brannten schon und ihr Licht spiegelte sich in den Pfützen. Autoscheinwerfer durchbohrten die Dunkelheit. Es regnete leicht. Die Welt roch nass.

„Ich freu mich so, ich freu mich so", rief P.F.O.T.E. und hüpfte um die Kinder herum.

Janne runzelte die Stirn. Ihr war kalt und ungemütlich. „Worüber freust du dich denn?", wollte sie wissen.

P.F.O.T.E. blieb stehen und überlegte. „Ich weiß nicht", gab er zu. „Ich freue mich einfach so, weil es schön ist, sich zu freuen. Ist das schlimm?"

„Nein", sagte Janne. „Das ist überhaupt nicht schlimm. Ich bin nur ein bisschen neidisch auf dich."

„Warum denn?" fragte Flip, nahm Anlauf und sprang in eine tiefe Pfütze.

18.

Janne und Flip behaupteten, sie seien mit Anakin verabredet, und das stimmte ja irgendwie. P.F.O.T.E. durfte nichts verraten. Er fand es sehr anstrengend, dass Menschen einander so oft etwas verheimlichten oder es mit der Wahrheit nicht ganz genau nahmen. Darin unterschieden sie sich deutlich von Hunden.

Janne und Flip fuhren ein Stück mit dem Bus. Als sie ausstiegen, wartete Laika bereits auf sie.

„Wie geht es ihr?", fragte Flip besorgt. „Hat der Jäger sie verhauen?"

Aber Laika versicherte, ihr Herrchen sei bis jetzt nett zu ihr. Sie führte P.F.O.T.E. und die Kinder um mehrere Ecken bis zu einem sehr kleinen Park. Dort hatten sich alle teilnehmenden Hunde versammelt. Vader wedelte wie wild und vollführte vor Freude merkwürdige, eckige Bocksprünge, als er seine Freunde sah. Strubbel sauste ihm um die Beine.

Wie die Hunde es geschafft hatten, unbemerkt von zu Hause

wegzulaufen, erzählten sie nicht. Der Ungehorsam war wohl allen ein bisschen peinlich.

Der Mops in seinem zotteligen Wolfsmantel, in dem sich inzwischen noch mehr Zweige und Blätter verfangen hatten, stellte sich vor sie und erklärte kläffend seinen Plan. Janne und Flip standen dabei und hatten keine Ahnung, worum es ging. Schließlich kam P.F.O.T.E. wieder angehüpft.

„Tapf Eins sagt, ihr sollt hier warten", verkündete er. „Er will nicht, dass ein Mensch sich einmischt."

„Aber es ist vielleicht gefährlich!", rief Janne.

„Eben", sagte P.F.O.T.E. „Deswegen." Er wandte sich um.

„P.F.O.T.E.!", jammerte Flip. „Bleib hier."

„Tut mir leid", sagte P.F.O.T.E. „Du weißt doch, ich gehorche nur neunundneunzig von hundert Befehlen."

Er trabte davon. Die Hunde formierten sich. Tapf Eins stolzierte vorneweg, die anderen fünf folgten. Die meisten Menschen, die an diesem Tag unterwegs waren, hatten es viel zu eilig, um sich über das Hundegrüppchen zu wundern, das so zielstrebig über den Bürgersteig marschierte. Nur eine ältere Frau blieb stehen und beobachtete die fünf mit einem Lächeln, und ein kleiner Junge stieg vom Fahrrad, zog sein Handy aus der Tasche und fotografierte den Mops im Wolfspelz.

Janne und Flip sahen einander an. Natürlich würden sie sich

das Schauspiel nicht entgehen lassen! Vorsichtig und mit großem Abstand folgten sie dem kleinen Trupp.

Und plötzlich kam noch ein sechster Hund angerannt. Ein sehr kleiner Hund – oder besser: eine sehr kleine, weiße Hündin. Sie schleppte ihre goldene Leine hinter sich her und die rosa Schleife auf ihrem Kopf löste sich gerade auf.

„Pipette!", rief P.F.O.T.E. glücklich. „Woher weißt du von unserem Treffen?"

„Ich habe gestern vor eurem Haus Tapf Eins getroffen", japste Pipette.

„Du warst vor unserem Haus?"

„Wir sind oft vor eurem Haus. Mein Frauchen guckt offenbar sehr gern euer Haus und euren Garten an. Aber dann kriegt sie trotzdem schlechte Laune." Sie schoss an P.F.O.T.E. vorbei, erreichte den Mops und warf sich vor ihm auf den Rücken. „Nehmt mich mit!"

Laika, Strubbel und Vader starrten sie ratlos an.

Der Mops räusperte sich. „Hallo, Pipette", sagte

er dann sehr lässig. „Gut, dass du es geschafft hast. Wir haben unser Ziel gleich erreicht."

Pipette sprang auf ihre vier Beinchen, leckte dem Mops quer durchs Gesicht und gesellte sich dann zu P.F.O.T.E. „Er ist toll", schwärmte sie.

„Wer? Vader?"

„Tapf Eins. Er ist so … so wolfig." Sie seufzte. „Ich mag ihn."

„Ich habe ihn auch gern", sagte P.F.O.T.E. „Er ist nur ein bisschen verfressen. Das ist für Wölfe bestimmt normal. Aber was ist mit deinem Frauchen? Hat sie die Polizisten zu uns geschickt? Das war eine gute Idee. Die beiden waren sehr nett und einer hatte sogar einen Keks in der Tasche."

„Ach, mein Frauchen …", knurrte Pipette. „Ich glaube, sie mag ihr Parfum lieber als mich. Seit sie es nicht mehr benutzt, ist sie immer schlecht gelaunt."

„Du hast ja jetzt uns", sagte P.F.O.T.E. „Freunde sind auch fast so gut wie ein Frauchen."

„Ja … wie gut, dass ich Tapf Eins getroffen habe!", sagte Pipette,

und dann verstummte sie, weil der Mops sich umgedreht hatte und allen einen strengen Blick zuwarf.

„Ruhe jetzt! Wir verstecken uns hinter den Mülltonnen und warten."

Alle verkrochen sich hinter den silbernen Mülltonnen. Tapf Eins wurde ein bisschen nervös. Das lag vielleicht daran, dass es aus den Mülltonnen heraus so herrlich duftete.

Vader freute sich so über alle und alles, dass er nicht aufhören konnte, mit dem Schwanz zu wedeln. Dabei trommelte seine Schwanzspitze dröhnend gegen das Blech der Tonnen. Es machte Tapf Eins erst recht nervös.

„Jetzt hör auf damit!", herrschte er Vader an. Er hatte kein bisschen Angst vor dem riesigen Hund, und das war der unwiderlegbare Beweis dafür, dass Tapf Eins kein Mops, sondern ein echter Wolf war.

Vader ließ traurig den Kopf hängen. Sein Sabber tropfte auf den Asphalt. Pipette rückte angewidert ein Stück von ihm ab. P.F.O.T.E. reckte den Kopf hinter der Mülltonne hervor.

Und da entdeckte er die drei Jugendlichen, die Tapf Eins „die böse Meute" nannte. Sie schlenderten mit gelangweilten Mienen heran, jeder fingerte an seinem Handy herum, und alle Entgegenkommenden mussten ihnen ausweichen. P.F.O.T.E. warf einen Blick in die Gegenrichtung: Tatsächlich, da kam auch Anakin. Er schlurfte mit gesenktem Blick übers Pflaster, die Sporttasche über der Schulter.

„Macht euch bereit", wisperte Tapf Eins.

„Jajajajaja!", jubelte Vader.

Der Mops wandte sich noch einmal zu den anderen Hunden um. „Damit das noch mal klar ist: Kein Beißen. Kein Fletschen. Kein Knurren. Richtige Wölfe haben so etwas überhaupt nicht nötig. Wir wirken allein durch unser Auftreten. Durch unsere stechenden Blicke. Durch unsere stolze Haltung. Habt ihr das verstanden?"

„Jajajajaja!" Vader sabberte vor Aufregung noch mehr als sonst. Pipette hüpfte fiepend im Kreis.

P.F.O.T.E. hatte es nicht verstanden, aber er vertraute Tapf Eins. Und so trabte er wie die vier anderen Hunde hinter dem kleinen Anführer her.

Inzwischen standen Anakin und die Jugendbande einander gegenüber. Anakin hatte ängstlich die Schultern eingezogen. Einer der großen Jungs schubste ihn vor die Brust, er stolperte. P.F.O.T.E. fand es seltsam, dass die anderen Menschen auf der Straße dem Jungen nicht halfen. Es würde wahrscheinlich ein ganzes Hundeleben dauern, bis er diese Wesen verstand, die nicht einmal auf ihre Jungen aufpassten.

„Und los!" Tapf Eins preschte nach vorn. Er stellte sich zwischen Anakin und die drei Jungs und musterte sie mit seinem stechendsten Blick.

Allerdings war seine Erscheinung nicht besonders eindrucksvoll: Der Wolfspelzmantel war ihm wieder über die Stirn gerutscht. Eine abgebrochene Brombeerranke hatte sich auf seinem Rücken verfangen. Seine Beine stachen dünn und krumm aus dem Zottelpelz hervor und sein Schwänzchen zitterte vor Aufregung.

Die drei Jugendlichen starrten den kleinen schwarzen Hund verblüfft an. Dann brachen sie in lautes Gelächter aus.

Nur eine Sekunde später standen die anderen Hunde neben und hinter Tapf Eins. Das Gelächter der Jugendlichen verstummte schlagartig. Einen Moment lang wirkten sie verunsichert, aber nicht ängstlich.

Noch nicht.

„Brave Hundchen", spottete der Bullige, der ganz vorne stand.

Da konnte sich Vader nicht mehr halten. Er winselte sehnsüchtig, wedelte wild mit dem Schwanz, machte einen großen Satz, sprang an dem Jungen hoch und brachte ihn ins Straucheln.

„Hilfe!", rief der Junge.

Aber Vader ging ihm natürlich nicht an die Kehle. Als der Junge auf dem Boden lag, leckte er ihm vielmehr mit seiner riesigen Sabberzunge quer durchs Gesicht. Dabei wedelte er immer noch so heftig mit dem Schwanz, dass dieser gegen die Beine des Mädchens peitschte.

Es war das Signal für die anderen Hunde. Alle rasten auf die Jugendlichen los.

P.F.O.T.E. sprang an dem Mädchen hoch und nieste ihr ins Gesicht, Laika nahm sich den zweiten Jungen vor. Strubbel riss dem ersten Jungen schwanzwedelnd das Telefon aus der Hand und kaute ein bisschen darauf herum, warf es ihm dann hin wie ein Stöckchen. Aber der Junge hatte keine Lust, ihm das Telefon zu werfen.

Pipette umkreiste die Jugendlichen fröhlich kläffend. Die anderen Fußgänger beobachteten die ganze Szene erstaunt, aber eher belustigt. Sie hielten das Ganze für ein Spiel. Viele fotografierten oder filmten. Janne vermutete, dass heute noch ein neues lustiges Hundevideo im Internet auftauchen würde. Das Mädchen hob den Fuß, um nach Pipette zu treten. Aber Pipette nutzte den Moment und wickelte ihr die goldene Leine, die sie immer noch nachschleppte, um die Beine. Nun stolperte auch das Mädchen und ein letzter Schubs von P.F.O.T.E. brachte sie endgültig zu Fall. Der Mops nahm sich den kleinen Rucksack vor, der ihr von der Schulter gefallen war. Da ein Reißverschluss halb geöffnet war, gelang es ihm, seinen dicken Kopf hineinzustecken. Als er ihn wieder herauszog, hielt er eine Packung Schokoriegel zwischen den Zähnen. Das Kabel eines Kopfhörers hatte sich um die Packung geschlungen. Tapf Eins schüttelte den Kopfhörer verächtlich ab und kaute dann auf den Schokoriegeln herum. Die Plastikverpackung spuckte er aus.

Der dritte Junge versuchte zu fliehen, aber Vader hatte ihn in drei Sätzen eingeholt. Er richtete sich an ihm hoch, legte ihm seine Pranken auf die Schultern und schlabberte ihm mit der Zunge begeistert durchs Gesicht.

Der erste Junge lag immer noch auf dem Boden. Er wagte es

nicht, sich zu erheben. Er hatte sich den Arm übers Gesicht gelegt, wohl um sich gegen weiteres freundliches Ablecken zu schützen. Strubbel betrachtete ihn einen Moment lang nachdenklich, dann hob er das Bein an seinem rechten Sportschuh. Der Junge schrie auf und versuchte, nach Strubbel zu treten, aber der kläffte nur fröhlich und zog ihm die Schnürsenkel auf.

Janne und Flip, die das Ganze beobachteten, fühlten sich ausgeschlossen.

Sie hätten so gerne bei diesem Spaß mitgemacht! Aber die Hunde hatten ja versichert, dass sie die Angelegenheit alleine regeln wollten.

Anakin hatte sich das Schauspiel die ganze Zeit über starr angesehen. Vader wandte den Kopf und warf ihm einen fragenden Blick zu.

Jetzt grinste Anakin von einem Ohr zum anderen, aber er versuchte, streng zu wirken „Hör jetzt auf, dich zu freuen, Vader", sagte er.

Vader bellte begeistert. Er zerrte dem liegenden Mädchen einen Schuh vom Fuß und warf ihn Anakin schweifwedelnd vor die Füße.

Und da musste Anakin lachen.

Zuerst war es nur ein lautloses Kichern. Seine Schultern zuckten, Tränen traten ihm in die Augen. Aber dann brach das Lachen doch aus ihm heraus, laut und unkontrolliert. Er bog sich, rang nach Luft. Vader starrte ihn einen Moment lang verblüfft an, dann sprang er an ihm hoch, ganz vorsichtig allerdings, um ihn nicht umzustoßen, und leckte ihm über die Nase.

Das Mädchen versuchte, sich von der goldenen Leine zu befreien. Dabei krabbelte Pipette ihr ständig über die Hände und leckte sie ab, sodass diese Befreiung eine ganze Weile dauerte. Das Mädchen rappelte sich auf, versuchte noch einmal, nach Pipette zu treten, traf sie aber nicht. Sie ging ein paar unsichere Schritte, ohne die anderen anzusehen. Dann fing sie an zu laufen, obwohl ihr ein Schuh fehlte. Die beiden Jungs sahen einander an, dann rannten sie ihr nach. Einer drehte noch einmal um, hob das vollgesabberte Telefon auf und stopfte es in seine Tasche.

Tapf Eins sah ihnen nach.

„Schwächlinge", knurrte er. „Wenn ich eine richtige Wolfsmeute hätte, nicht nur jämmerliche Menschensklaven, hätten wir euch einfach gefressen."

„Du warst großartig!", säuselte Pipette und warf sich vor ihm auf den Rücken. „Ein richtiger Held!"

Tapf Eins betrachtete sie einen Moment lang schweigend, dann holte er tief Luft und nieste laut.

19.

Die Hunde nahmen sich nicht viel Zeit, ihren Sieg zu feiern. Strubbel, Laika und Pipette hatten ein schlechtes Gewissen, weil sie von zu Hause weggelaufen waren. Sie umkreisten Vader, P.F.O.T.E. und Tapf Eins noch einmal schwanzwedelnd, dann rasten sie in unterschiedliche Richtungen davon. Pipette zögerte am längsten. Sie trippelte hin und her, sah sich immer wieder um, kam dann noch einmal angaloppiert und leckte Tapf Eins über die Nase. „Ich muss zu meinem Frauchen", bellte sie. „Das verstehst du doch sicher."

„Nein", knurrte Tapf Eins. „Das verstehe ich nun wirklich überhaupt nicht."

„Ach, wie schön muss die Freiheit sein", seufzte Pipette.

„Nimm sie dir doch einfach", bot Tapf Eins großmütig an. „Die Freiheit. Es ist genug für alle da. Du kannst mit mir mitkommen. Ich beschütze dich gegen wütende Wildschweine und Jäger und so etwas."

Doch Pipette reagierte nicht auf sein Angebot, wedelte noch

einmal kräftig mit ihrem Puschelschweif,
von dem sich die rosa Schleife gelöst hatte,
und sauste dann davon.

Anakin sah Flip und Janne an. „Ich möchte euch gern einladen", sagte er. „Würstchen oder so?"

„Wir haben aber eigentlich gar nichts gemacht", wandte Flip ehrlich ein. „Wir waren nur da."

„Ist schon okay", sagte Anakin. „Ohne euch wäre das alles doch gar nicht passiert."

„Hast du denn Geld für die Wurst?", fragte Flip vorsichtig.

„Schon. Wir haben auf dem Flohmarkt gut verkauft, erinnerst du dich?"

Flip erinnerte sich, und als er in die saftige Wurst vom Imbisswagen biss, war es fast so, als hätte er sie sich selbst verdient.

Dem Mops war es offensichtlich peinlich, dass er so viel Zeit mit Menschen verbrachte. Er fraß sehr schnell und lief, als er fertig war, beinahe fluchtartig davon, ohne sich zu verabschieden.

Flip sah dem Mops-Wolf nach, bis er um die Ecke verschwunden war.

„Er ist ein Held", sagte er dann mit fester Stimme. „Jetzt glaube ich, dass er ein Wolf ist."

„Komisches Vieh." Anakin redete mit vollem Mund. „Aber
cool. Vader könnte sich eine Scheibe von ihm abschneiden."
Und da war es gut, dass Vader sein Herrchen nicht verstehen
konnte! Er saß glücklich neben den Kindern, sah zwischen

ihnen hin und her und warf ab und zu auch P.F.O.T.E. einen freundschaftlichen Blick zu.

Dann sah Anakin auf die Uhr. „Ich glaube, ich mach mich dann mal auf den Weg nach Hause. Meine Mutter ist froh, wenn ich auf die Kleinen aufpasse. Dann kann sie einkaufen gehen."

„Ich muss auch immer auf Flip aufpassen", sagte Janne verständnisvoll. Flip warf ihr einen empörten Seitenblick zu, aber er sagte nichts, sondern beugte sich zu P.F.O.T.E. hinunter und kraulte ihn hinter den Ohren.

„Findet ihr denn überhaupt nach Hause?", fragte Anakin noch, als er sich seinen Rucksack über die Schulter schwang.

Janne sah sich um. Da waren sehr viele breite Straßen und sehr viele hohe, graue Häuser und sehr viele hastig dahinschreitende Menschen. „Nein", antwortete sie kleinlaut.

„Dann bring ich euch", sagte Anakin. „Bin euch ja was schuldig."

Und sie zogen los. Anakin war auf einmal richtig gesprächig. Er erzählte Janne von seiner Familie, von seiner Schulklasse, von dem Hundehändler, der ihm in einer dunklen Straße Vader zum Kauf angeboten hatte, von seinen Lieblingsgeräten in der Muckibude und davon, dass er später einmal Kapitän auf einem Kreuzfahrtschiff werden wollte. Flip und P.F.O.T.E. trabten hinter den beiden her. Flip erzählte P.F.O.T.E., dass er später einmal Hunderetter werden wollte oder Erdbeerbauer oder vielleicht doch lieber Astronaut. P.F.O.T.E. hätte gerne seine Meinung dazu geäußert (er fand Hunderetter natürlich viel wichtiger als Astronauten, die völlig sinnlos zwischen den Sternen herumflogen), aber auf der Straße durfte er ja nicht sprechen.

Als sie das Viertel erreicht hatten, in dem Janne, Flip und P.F.O.T.E. wohnten, verabschiedete sich Anakin und versprach, bald wieder vorbeizukommen. Er sah beinahe fröhlich aus, als er davonmarschierte.

Auch die Geschwister waren sehr zufrieden. Flip hüpfte vor lauter Zufriedenheit sogar in eine große Pfütze am Straßenrand und spritzte dabei eine Frau nass, die eben einen Kinderwagen vorbeischob. Einen Moment lang sah die Frau so aus, als würde sie Flip gerne anbrüllen, aber dann musste sie doch lachen. „Regenwetter ist schön, oder?", sagte sie. „Vor allem, wenn man Gummistiefel hat."

„Sie müssen sich auch Gummistiefel kaufen", riet ihr Flip. „Im Laden an der Hauptstraße gibt es ganz schöne, ganz bunte."

„Danke für den Tipp", sagte die Frau und schob den Kinderwagen weiter.

„Gibt es auch Gummistiefel für Hunde?", fragte P.F.O.T.E. Janne sah sich erschrocken nach der Frau um, aber die war schon zu weit weg und hatte nichts gehört. „Du brauchst keine", erklärte sie P.F.O.T.E. dann. „Weil du keine Socken trägst. Gummistiefel trägt man nur, damit die Socken nicht nass werden."

„Ach so", sagte P.F.O.T.E. erleichtert.

20.

Als sie ihr Haus erreichten, wartete der Vater schon ungeduldig auf sie.

„Gut, dass ihr da seid. Gleich kommt der erste Kunde für heute", sagte er. „Es ist der Polizist mit seinem Dackel, der einfach nicht stubenrein werden will. Ich hoffe bloß, wir können den beiden helfen."

„Darf ich mit ihm Bällchen spielen?", fragte P.F.O.T.E.

Der Vater runzelte die Stirn. „Ich weiß nicht, ob der Polizist genügend Zeit hat, um mit dir Bällchen zu spielen."

„Ich meine doch den Dackel", erklärte P.F.O.T.E.

„Ach so. Ja, natürlich", sagte der Vater. Und dann fügte er hastig hinzu: „Aber bitte nur draußen im Garten!" Er sah seine Kinder prüfend an: „Und was ist mit euch? Ihr wirkt ganz zufrieden."

„Wir haben die Bösen besiegt!", rief Flip.

„Anakin ist sehr zufrieden mit Vader", erklärte Janne. „Er will ihn nicht mehr dazu zwingen, böse zu sein."

„Sehr gut!", rief der Vater.

„Und die fiesen Typen lassen ihn bestimmt in nächster Zeit in Ruhe", fügte Janne noch hinzu.

„Warum das?", wollte der Vater wissen.

„Weil…" Janne kam ins Stocken. Sie warf Flip einen Hilfe suchenden Blick zu.

„Weil sie liebe Hunde noch weniger ausstehen können als böse!", sagte Flip.

„Aha." Der Vater zögerte. Er schien zu überlegen, ob er seine Kinder ausführlicher befragen sollte, aber er entschied sich dagegen. „Dann ist es ja gut."

„Wir haben Vader geholfen", sagte Janne. „Und Pipette auch. Und Laika vielleicht auch."

„Aber wir haben noch kein Stück Sahnekuchen verdient", stellte Flip fest. „Nur Würstchen."

„Aber wir machen weiter, oder?" Janne sah den Vater bittend an. „Du siehst doch, dass es funktioniert. Und wenn wir weiter so erfolgreich sind, können wir vielleicht später doch mal ein bisschen Geld verlangen."

„Für das Pony!", schrie Flip.

„Oder für die Reise ans Meer", fügte Janne hinzu.

„Ich muss das mit eurer Mutter besprechen", sagte der Vater, aber Janne hatte das Blitzen in seinen Augen genau gesehen.

Und da war er sich ganz sicher, dass es mit „Ein Ohr für vier Pfoten" weitergehen würde.

Einige Wochen später, gerade als Janne, Flip und P.F.O.T.E. zu einem ihrer regelmäßigen Besuche bei Tapf Eins und der Katze aufbrechen wollten, kam ein grüner Geländewagen vorgefahren.

Der graubärtige Jäger stieg aus. Er öffnete zunächst die Heckklappe, sodass Laika herausspringen konnte, dann machte er sich auf der Beifahrerseite zu schaffen. Als er sich aufrichtete, hielt er ein in rosafarbenes Papier eingeschlagenes Tablett in den Händen.

„Sahnekuchen!", verkündete er stolz. „Dürfen wir hereinkommen?"

Aber Flip hatte schon das Gartentor aufgerissen und Laika in den Arm genommen. P.F.O.T.E. seufzte. Er musste sich daran gewöhnen, dass Flip alle Hunde liebte.

Der Jäger verschwand mit dem Kuchen im Haus.

„Wir kommen gleich nach!", rief Janne.

Denn obwohl sie sich sehr auf den Sahnekuchen freute, wollte sie doch erst einmal wissen, wie es mit Laika und ihrem Herrchen weitergegangen war.

P.F.O.T.E. übersetzte.

„Es ist alles kein Problem", sagte Laika sanft. „Er hat beschlossen, selbst nicht mehr auf die Jagd zu gehen."

„Einfach so?", fragte Janne erstaunt. „Aber er ist doch Jäger!"

P.F.O.T.E. wandte sich wieder an Laika.

„Was macht er denn jetzt?", fragte er. „Janne meint, das geht nicht – ein Jäger, der nicht jagt."

„Es ist wie ein Wunder", flüsterte Laika, und ihre Augen wurden ganz feucht. „Er nimmt jetzt verwundete und kranke Waldtiere auf und wir pflegen sie gemeinsam gesund."

„Was?" Janne konnte es kaum glauben. „So sehr hat er sich geändert?"

„Laika meint, er war schon immer so, er hat es nur nicht gemerkt", sagte P.F.O.T.E.

„Er sah jedenfalls viel fröhlicher aus", stellte Flip fest. „Es ge-

fällt ihm selbst besser, wenn er keine Tiere umbringen muss."
P.F.O.T.E. war sehr zufrieden. „Jetzt können wir spielen",
sagte er zu Laika. „Kommst du mit? Hinter dem Haus kann
man herrlich Löcher buddeln. Vor allem, wenn alle Menschen
Kuchen essen und deswegen nicht aus dem Fenster sehen."

„Ich buddle manchmal, wenn ich mit den Kaninchen spiele!"
Laikas Augen leuchteten auf. „Ich kann wunderschöne Löcher
buddeln."

„Dann komm!", rief P.F.O.T.E. und raste los.

Laika folgte ihm hinters Haus und blieb verblüfft stehen.

„Du gräbst aber riesige Löcher", staunte sie.

Vor ihren Füßen klaffte ein tiefer Krater, in dem sich das Re-
genwasser sammelte.

„Das war ich nicht", gab P.F.O.T.E. zu. „Das war mein Freund
Vader. Du erinnerst dich sicher an ihn? Er war bei unserem
großen Angriff dabei."

„Ich erinnere mich", sagte Laika.

„Er ist ein Drachenhund", erklärte P.F.O.T.E. „Und mein
Freund. Und lieb. Jetzt ist er lieb, wenn er lieb ist. Und manchmal kommt er zum Spielen."

Laika schüttelte verwirrt die Ohren, dann fing sie entschlossen
an zu graben. Aus dem Haus hörte man das Klappern von
Geschirr.

„Wenn ein Stück übrig bleibt, lade ich den Mops ein", dachte P.F.O.T.E. „Immer nur Wildschweineier, das ist langweilig." Er überlegte. „Oder ich esse selbst erst ein Stück vom Kuchen und lade dann den Mops ein." Und dann vergaß er Mops und Kuchen und Wildschweineier, denn Laika hatte ganz zufällig und wunderbar ein altes Bällchen ausgebuddelt, das er schon schmerzlich vermisst hatte.

Dieses Buch ist auch als E-Book erhältlich.

Verlagsgruppe Random House FSC® N001967

1. Auflage 2018
© 2018 cbj Kinder- und Jugendbuchverlag
in der Verlagsgruppe Random House GmbH
Neumarkter Str. 28, 81673 München
Alle Rechte vorbehalten
Umschlagbild und Innenillustrationen: Barbara Scholz
Umschlagfertigstellung: Susanne Ulhorn
ck • Herstellung: AJ
Satz: dtp im Haus
Reproduktion: ReproLine Mediateam, München
Druck: Alföldi Nyomda Zrt., Debrecen
ISBN 978-3-570-17568-2
Printed in Hungaria

www.cbj-verlag.de

Bettina Obrecht wurde 1964 in Lörrach geboren und studierte Englisch und Spanisch. Sie arbeitet als Autorin, Übersetzerin und Rundfunkautorin und wurde für ihre Kurzprosa und Lyrik mehrfach ausgezeichnet. Sie hat zahlreiche Bücher veröffentlicht und sich längst in die „Garde wichtiger Kinderbuchautorinnen hineingeschrieben" (Eselsohr).

Barbara Scholz, geboren 1969 in Herford, lernte zunächst den Beruf der Druckvorlagenherstellerin. Seit dem Abschluss ihres Design-Studiums in Münster illustriert sie sehr erfolgreich Kinderbücher.